トクとトクイになる！ 小学ハイレベルワーク

5年 国語 もくじ

特別ふろく

1 巻末ふろく しあげのテスト
2 WEBふろく 自動採点CBT

WEB CBT(Computer Based Testing)の利用方法

コンピュータを使用したテストです。パソコンで下記WEBサイトへアクセスして，アクセスコードを入力してください。スマートフォンでのご利用はできません。

アクセスコード／Ekbbba96

https://b-cbt.bunri.jp

編集協力：啓明舎／イラスト：ユニックス

この本の特長と使い方

この本の構成

知っトク！ ポイント

この本で学習《がくしゅう》する内容《ないよう》を章《しょう》ごとにまとめたページです。覚《おぼ》えておくべきことや問題《もんだい》を解《と》くうえで役立《やくだ》つポイントなどが書いてあります。よく読んでから学習《がくしゅう》を始《はじ》めましょう。

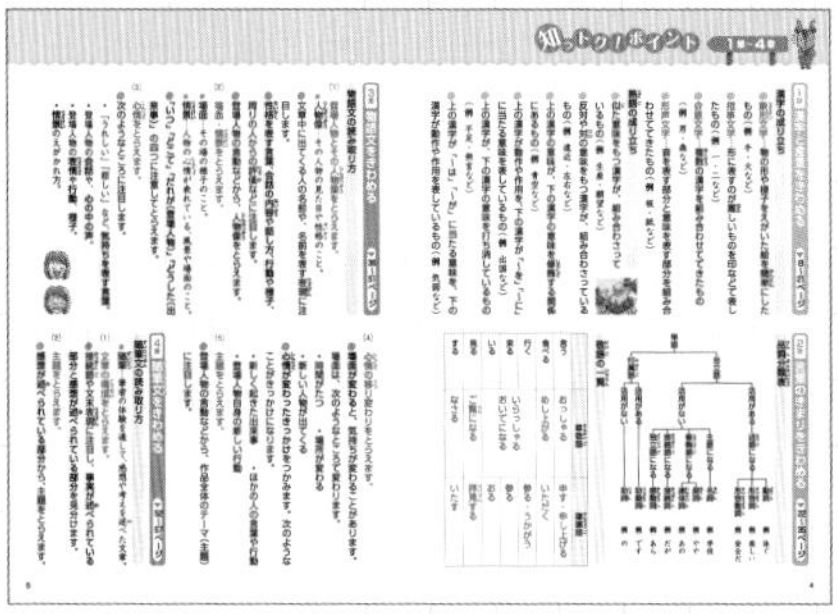

標準レベル

実力《じつりょく》を身《み》につけるためのステージです。教科書レベルの学習内容《がくしゅうないよう》で、土台となる基礎《きそ》的《てき》な力を養《やしな》います。わからなくなったときは、「知っトク！ ポイント」に戻《もど》って確《かく》認《にん》しましょう。

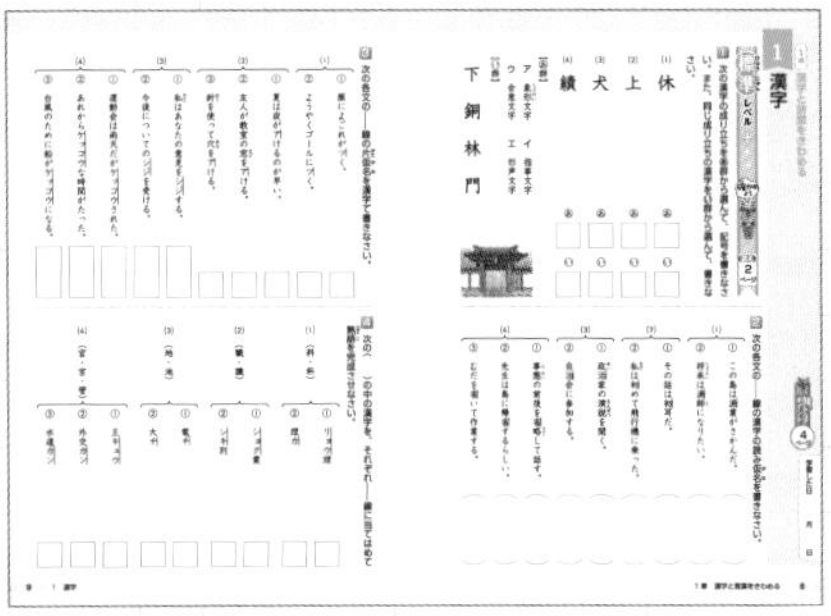

特集回

思考力育成問題

知識《ちしき》だけで答えるのではなく、知識《ちしき》をどのように活用すればよいのかを考えるためのステージです。活用のしかたを積極的《せっきょくてき》に試行錯誤《しこうさくご》することで、教科書だけでは身《み》につかない力をつけることができます。

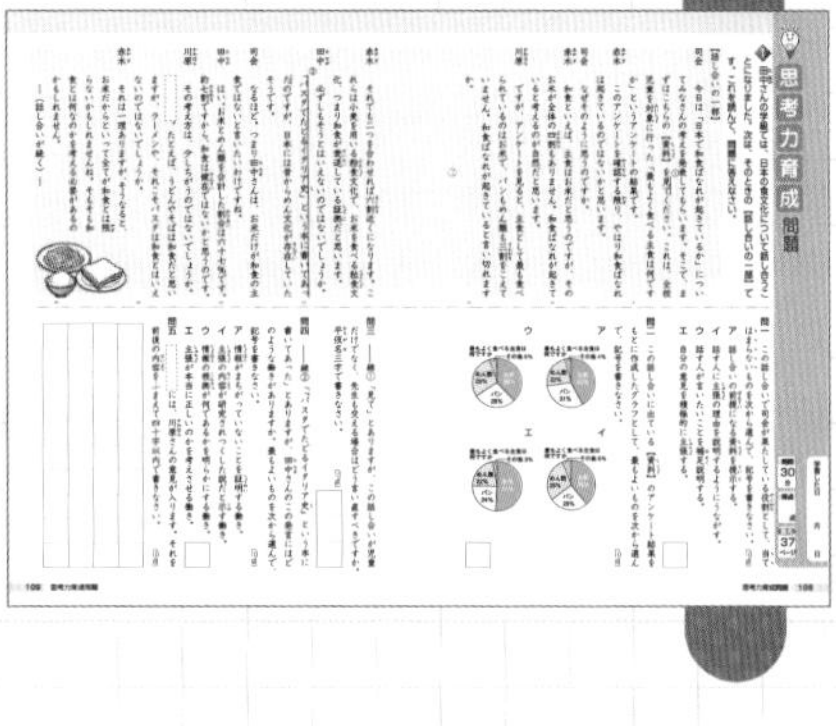

ヒント

標準《ひょうじゅん》レベルには問題《もんだい》を解《と》くためのヒントがあります。解《と》き方のポイントや注目《ちゅうもく》すべき点などが書いてありますので、参考《さんこう》にしながら解《と》いてみましょう。

とりはずし式　答えと考え方

ていねいな解説《かいせつ》で、解《と》き方や考え方をしっかりと理解《りかい》することができます。まちがえた問題《もんだい》は、時間をおいてから、もう一度《いちど》チャレンジしてみましょう。

注意する言葉

読解問題《どっかいもんだい》の文章《ぶんしょう》から、覚《おぼ》えておきたい言葉《ことば》を取《と》り上げています。辞書《じしょ》で意味《いみ》を調《しら》べて、語彙力《ごいりょく》をみがきましょう。

『トクとトクイになる！小学ハイレベルワーク』は，教科書レベルの問題《もんだい》ではもの足りない，難《むずか》しい問題《もんだい》にチャレンジしたいという方を対象《たいしょう》としたシリーズです。段階別《だんかいべつ》の構成《こうせい》で，無理《むり》なく力をのばすことができます。問題《もんだい》にじっくりと取《と》り組むという経験《けいけん》によって，知識《ちしき》や問題《もんだい》を解《と》く力だけでなく，「考える力」「判断《はんだん》する力」「表現《ひょうげん》する力」の基礎《きそ》も身《み》につき，今後の学習《がくしゅう》をスムーズにします。

ハイレベル

少し難度《なんど》の高い問題《もんだい》を練習《れんしゅう》して、応用力《おうようりょく》を養《やしな》うためのステージです。ハイレベルな問題《もんだい》を解《と》くことで、実力《じつりょく》の完成《かんせい》をめざします。

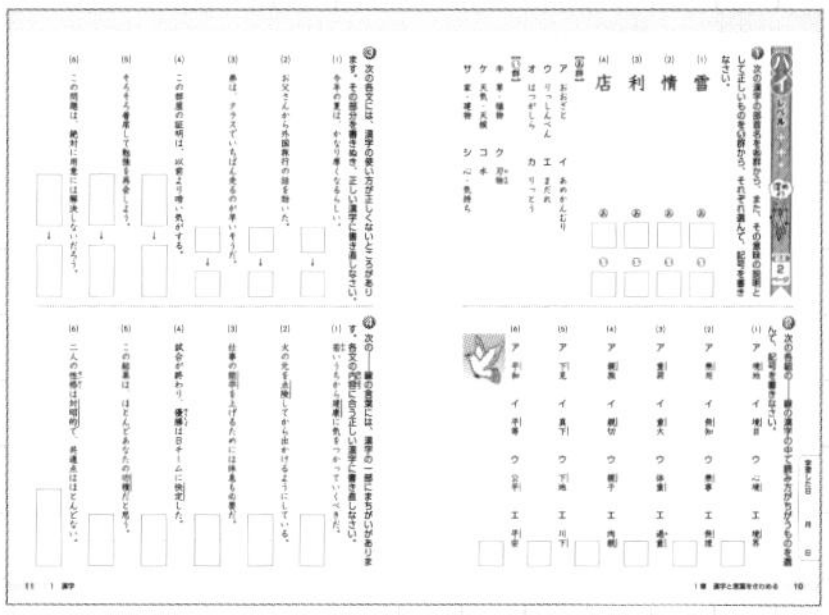

チャレンジテスト

テスト形式《けいしき》で、章《しょう》ごとの学習《がくしゅう》内容《ないよう》を確認《かくにん》するステージです。時間をはかって取《と》り組んでみましょう。発展的《はってんてき》な問題《もんだい》にも挑戦《ちょうせん》することで、実践力《じっせんりょく》を養《やしな》うことができます。

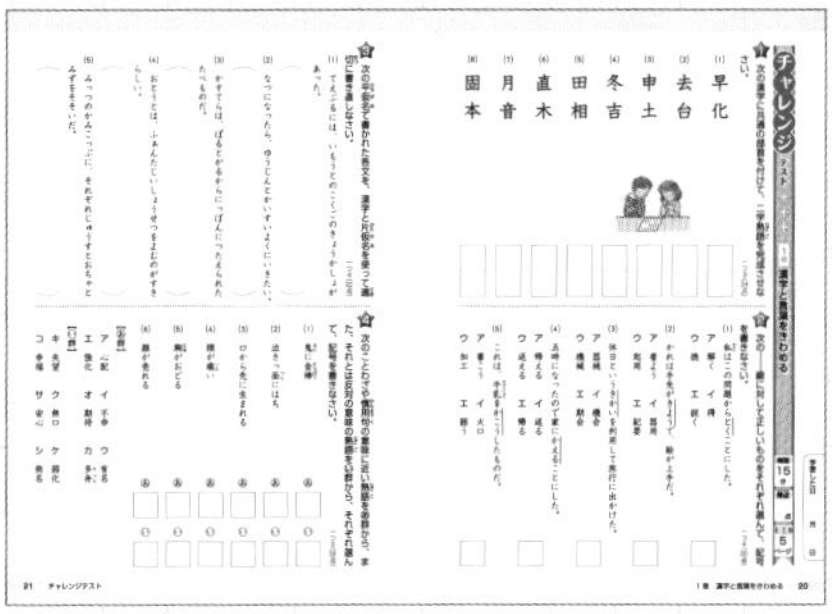

役立つふろくで、レベルアップ！

1 トクとトクイに！ しあげのテスト

この本で学習《がくしゅう》した内容《ないよう》が確認《かくにん》できる、まとめのテストです。学習内容《がくしゅうないよう》がどれくらい身《み》についたか、力を試《ため》してみましょう。

2 一歩先のテストに挑戦！ 自動採点CBT

コンピュータを使用《しよう》したテストを体験《たいけん》することができます。専用《せんよう》サイトにアクセスして、テスト問題《もんだい》を解《と》くと、自動採点《じどうさいてん》によって得意《とくい》なところ（分野《ぶんや》）と苦手《にがて》なところ（分野《ぶんや》）がわかる成績表《せいせきひょう》が出ます。

「CBT」とは？

「Computer Based Testing」の略称《りゃくしょう》で、コンピュータを使用《しよう》した試験方式《しけんほうしき》のことです。受験《じゅけん》、採点《さいてん》、結果《けっか》のすべてがWEB上で行われます。

専用《せんよう》サイトにログイン後、もくじに記載《きさい》されているアクセスコードを入力してください。

https://b-cbt.bunri.jp

※本サービスは無料ですが，別途各通信会社からの通信料がかかります。
※推奨動作環境：画角サイズ　10インチ以上　横画面
［PCのOS］Windows10以降　［タブレットのOS］iOS14以降
［ブラウザ］Google Chrome（最新版）　Edge（最新版）　safari（最新版）
※お客様の端末およびインターネット環境によりご利用いただけない場合，当社は責任を負いかねます。
※本サービスは事前の予告なく，変更になる場合があります。ご理解，ご了承いただきますよう，お願いいたします。

知っトク！ポイント　1章〜4章

1章　漢字と言葉をきわめる

▼8〜21ページ

漢字の成り立ち

- 象形《しょうけい》文字…物の形や様子をえがいた絵を簡単《かんたん》にしたもの（例 手・火など）
- 指事文字…形に表すのが難《むずか》しいものを印などで表したもの（例 一・二など）
- 会意文字…複数《ふくすう》の漢字を組み合わせてできたもの（例 男・森など）
- 形声文字…音を表す部分と意味を表す部分を組み合わせてできたもの（例 板・紙など）

熟語《じゅくご》の成り立ち

- 似《に》た意味をもつ漢字が、組み合わさっているもの（例 生産・願望など）
- 反対や対《つい》の意味をもつ漢字が、組み合わさっているもの（例 遠近・左右など）
- 上の漢字の意味が、下の漢字の意味を修飾《しゅうしょく》する関係にあるもの（例 青空など）
- 上の漢字が動作や作用を、下の漢字が「〜を」「〜に」に当たる意味を表しているもの（例 出国など）
- 上の漢字が、下の漢字の意味を打ち消しているもの（例 不足・無言など）
- 上の漢字が「〜は」「〜が」に当たる意味を、下の

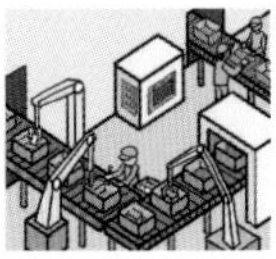

2章　言葉のきまりをきわめる

▼22〜35ページ

品詞分類表《ひんしぶんるいひょう》

- 単語
  - 自立語
    - 活用がある
      - 述語《じゅつご》になる
        - 動詞《どうし》　例 泳ぐ
        - 形容詞《けいようし》　例 楽しい
        - 形容動詞《けいようどうし》　例 安全だ
    - 活用がない
      - 主語になる
        - 名詞《めいし》　例 学校
      - 修飾語《しゅうしょくご》になる
        - 副詞《ふくし》　例 やや
        - 連体詞《れんたいし》　例 あの
      - 接続語《せつぞくご》になる
        - 接続詞《せつぞくし》　例 だが
      - 独立語《どくりつご》になる
        - 感動詞《かんどうし》　例 あら
  - 付属語《ふぞくご》
    - 活用がある
      - 助動詞《じょどうし》　例 です
    - 活用がない
      - 助詞《じょし》　例 の

敬語《けいご》の一覧《いちらん》

<table>
<tr><th></th><th>尊敬語《そんけいご》</th><th>謙譲語《けんじょうご》</th></tr>
<tr><td>言う</td><td>おっしゃる</td><td>申す・申し上げる</td></tr>
<tr><td>食べる</td><td>めし上がる</td><td>いただく</td></tr>
<tr><td>行く</td><td rowspan="3">いらっしゃる
おいでになる</td><td>参る・うかがう</td></tr>
<tr><td>来る</td><td>参る</td></tr>
<tr><td>いる</td><td>おる</td></tr>
<tr><td>見る</td><td>ご覧《らん》になる</td><td>拝見《はいけん》する</td></tr>
<tr><td>する</td><td>なさる</td><td>いたす</td></tr>
</table>

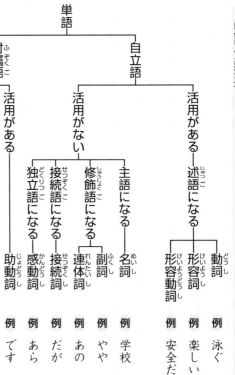

3章 物語文をきわめる

▼36〜51ページ

物語文の読み取り方

(1) **登場人物とその人物像《じんぶつぞう》をとらえます。**

＊人物像《じんぶつぞう》…その人物の見た目や性格《せいかく》のこと。

● 文章中に出てくる人の名前や、名前を表す表現《ひょうげん》に注目します。

● **性格《せいかく》を表す言葉**、**会話の内容《ないよう》**や**話し方**、**行動**や**様子**、周りの人からの評価《ひょうか》などに注目します。

● 登場人物の言動などから、人物像《じんぶつぞう》をとらえます。

(2) **場面・情景《じょうけい》をとらえます。**

＊場面…その場の様子のこと。

＊情景《じょうけい》…人物の心情《しんじょう》が表れている、風景や場面のこと。

● **「いつ」「どこで」「だれが(登場人物)」「どうした(出来事)」**の四つに注意してとらえます。

(3) **心情《しんじょう》をとらえます。**

● 次のようなところに注目します。

・「うれしい」「悲しい」など、**気持ちを表す言葉**。

・登場人物の**会話**や、**心の中の声**。

・登場人物の**表情《ひょうじょう》**や**行動**、**様子**。

・**情景《じょうけい》**のえがかれ方。

(4) **心情《しんじょう》の移《うつ》り変わりをとらえます。**

● **場面が変わる**と、気持ちが変わることがあります。場面は、次のようなところで変わります。

・時間がたつ　・場所が変わる

・新しい人物が出てくる

● **心情《しんじょう》が変わったきっかけ**をつかみます。次のようなことがきっかけになります。

・新しく起きた出来事　・ほかの人の言葉や行動

・登場人物自身の新しい行動

(5) **主題をとらえます。**

● 登場人物の言動などから、作品全体のテーマ(主題)に注目します。

4章 随筆文《ずいひつぶん》をきわめる

▼52〜57ページ

随筆文《ずいひつぶん》の読み取り方

＊随筆《ずいひつ》…筆者の体験を通して、感想や考えを述《の》べた文章。

(1) **文章の構成《こうせい》をとらえます。**

● 接続語《せつぞくご》や文末表現《ひょうげん》に注目し、**事実が述《の》べられている部分と感想が述《の》べられている部分**を見分けます。

(2) **主題をとらえます。**

● **感想が述《の》べられている部分**から、主題をとらえます。

5章 説明文をきわめる

▼58〜73ページ

説明文の読み取り方

(1) **事実と意見をとらえます。**

＊事実…実際《じっさい》に起こったこと。

＊意見…(筆者の)考えていること。

● **「〜だ・です(事実)」「〜と思う・考える(意見)」**のような文末表現《ひょうげん》に注目します。

(2) **要点をとらえます。**

＊要点…文章や段落《だんらく》の中心的な内容《ないよう》のこと。

●くり返し出てくる言葉や接続語《せつぞくご》、文末表現《ひょうげん》などに注目して、**文の役割《やくわり》**をとらえます。

●文の役割《やくわり》をとらえたら、**段落《だんらく》の中心となる文**(くり返し出てくる言葉がふくまれていることが多い)に注目して要点をおさえます。

●要点は、**「つまり」「だから」などの接続語《せつぞくご》の後に書かれることが多い**ので、これらの言葉に注目します。

(3) **段落《だんらく》関係をとらえます。**

＊形式段落《だんらく》…文の初めを一字下げたところから、改行までのまとまり。

＊意味段落《だんらく》…文章を、内容《ないよう》や意味のまとまりに分けたもの。

段落《だんらく》関係のとらえ方

① **話題**を読み取る。

② **形式段落《だんらく》ごとの要点**をとらえる。

③ **意味段落《だんらく》**をとらえる。

●話題を示《しめ》している段落《だんらく》、具体的に説明している段落《だんらく》、まとめを述《の》べている段落《だんらく》などに分けられます。

●段落《だんらく》の関係は、**キーワードや接続語《せつぞくご》、指示語《しじご》の働き**に注目してとらえます。

(4) **文章を要約します。**

＊要約…段落《だんらく》や文章全体の要点を短くまとめること。

●具体例や引用、付け加えられた内容《ないよう》などは省き、**中心段落《だんらく》の要点**をまとめます。

(5) **要旨《ようし》をとらえます。**

＊要旨《ようし》…筆者がその文章で最も伝えたい内容《ないよう》や考えのこと。

● **文章の組み立て**をとらえます。多くの文章は、**「話題→説明→結論《けつろん》」**という組み立てになっています。それぞれの段落《だんらく》がどこに当てはまるのかをとらえます。

● **結論《けつろん》にある筆者の意見や主張《しゅちょう》**をとらえてまとめます。

●要旨《ようし》は、話題と結論《けつろん》をまとめて、「〇〇(話題)は△△である(結論《けつろん》)」という形で表すことができます。

6章 詩・短歌・俳《はい》句《く》をきわめる

▼74〜79ページ

表現技法《ひょうげんぎほう》

比喩《ひゆ》…あるものを別のものにたとえる表現《ひょうげん》。直喩《ちょくゆ》、隠喩《いんゆ》、擬人法《ぎじんほう》があります。

・直喩《ちょくゆ》…「ようだ」などを使ってたとえる。

例 ソフトクリームのような雲だ。

・隠喩《いんゆ》…「ようだ」などを使わずにたとえる。

例 地球は命を乗せる船だ。

・擬人法《ぎじんほう》…人ではないものを人に見立てる。

例 山が笑う。

倒置法《とうちほう》…語順を入れかえて、意味を強調します。

例 やめなさい、そんなことは。

体言止め…行の終わりを体言(名詞《めいし》)で止めて、余韻《よいん》を残します。

反復法《はんぷくほう》…同じ言葉をくり返して、印象《いんしょう》を強めます。

例 立ち上るひとすじのけむり。

例 青い青い海が広がる。

対句法《ついくほう》…構成《こうせい》がよく似《に》た、対《つい》になる表現《ひょうげん》を並《なら》べて印《いん》象《しょう》を強めます。

例 風がそよそよとふき　花びらがひらひらとまう。

短歌・俳句《はいく》の基本《きほん》

短歌は、**五・七・五・七・七の三十一音から成り、五・七・五を上《かみ》の句《く》、七・七を下《しも》の句《く》といいます。**

短歌の**意味や調子の切れ目を句切《くぎ》れ**(初句《しょく》切れ、二《に》句《く》切れ、三句《さんく》切れ、四句《しく》切れ、句切《くぎ》れなしがある)といいます。

俳《はい》句《く》は、**五・七・五の十七音から成ります。**

俳《はい》句《く》の**意味や調子の切れ目を句切《くぎ》れ**(初句《しょく》切れ、二《に》句《く》切れ、句切《くぎ》れなしがある)といいます。

切れ字…感動の中心となる部分を表します。**「や」「かな」「けり」**などがあります。

季語…**季節を表す言葉で、**一つの俳句《はいく》の中に一つ入るのが基本《きほん》です。(**例** 桜《さくら》→春・もみじ→秋など)

7章 古文を味わう

▼80〜83ページ

古文の言葉

＊歴史的仮名《れきしてきかな》づかい…かつて使われていた仮名《かな》づかい。

歴史的仮名《れきしてきかな》づかいを現代仮名《げんだいかな》づかいに直す場合には、**いくつかのきまりがあります。**(**例** 語頭にない「はひふへほ」→「わいうえお」など)

古文の言葉には、**現代《げんだい》とは意味の異《こと》なる言葉**があります。(**例**「かなし」→「かわいい」など)

1 漢字

標準《ひょうじゅん》レベル

確《たし》かめよう

答え 2ページ

1 次の漢字の成り立ちを㋐群から選んで、記号を書きなさい。また、同じ成り立ちの漢字を㋑群から選んで、書きなさい。

(1) 休　㋐□　㋑□

(2) 上　㋐□　㋑□

(3) 犬　㋐□　㋑□

(4) 績　㋐□　㋑□

【㋐群】

ア 象形《しょうけい》文字　イ 指事文字

ウ 会意文字　エ 形声文字

【㋑群】

下　銅　林　門

2 次の各文の――線の漢字の読み仮名《がな》を書きなさい。

(1)
① この島は漁業がさかんだ。（　　）
② 将来《しょうらい》は漁師《し》になりたい。（　　）

(2)
① その話は初耳だ。（　　）
② 私《わたし》は初めて飛行機に乗った。（　　）

(3)
① 政《せい》治家の演説《えんぜつ》を聞く。（　　）
② 自治会に参加する。（　　）

(4)
① 事態《じたい》の前後を省略《りゃく》して話す。（　　）
② 先生は島に帰省するらしい。（　　）
③ むだを省いて作業する。（　　）

知っトク！ポイント 4ページ

学習した日　月　日

3 次の各文の――線の片仮名《かたかな》を漢字で書きなさい。

(1)
① 服によごれがツく。
② ようやくゴールにツく。

(2)
① 夏は夜がアけるのが早い。
② 友人が教室の窓《まど》をアける。
③ 針《はり》を使って穴《あな》をアける。

(3)
① 私《わたし》はあなたの意見をシジする。
② 今後についてのシジを受ける。

(4)
① 運動会は雨天だがケッコウされた。
② あれからケッコウな時間がたった。
③ 台風のために船がケッコウになる。

4 次の（　）の中の漢字を、それぞれ――線に当てはめて熟語《じゅくご》を完成させなさい。

(1)（料・科）
① リョウ理
② 理カ

(2)（職・識）
① ショク業
② シキ別

(3)（地・池）
① 電チ
② 大チ

(4)（官・宮・管）
① 王キュウ
② 外交カン
③ 水道カン

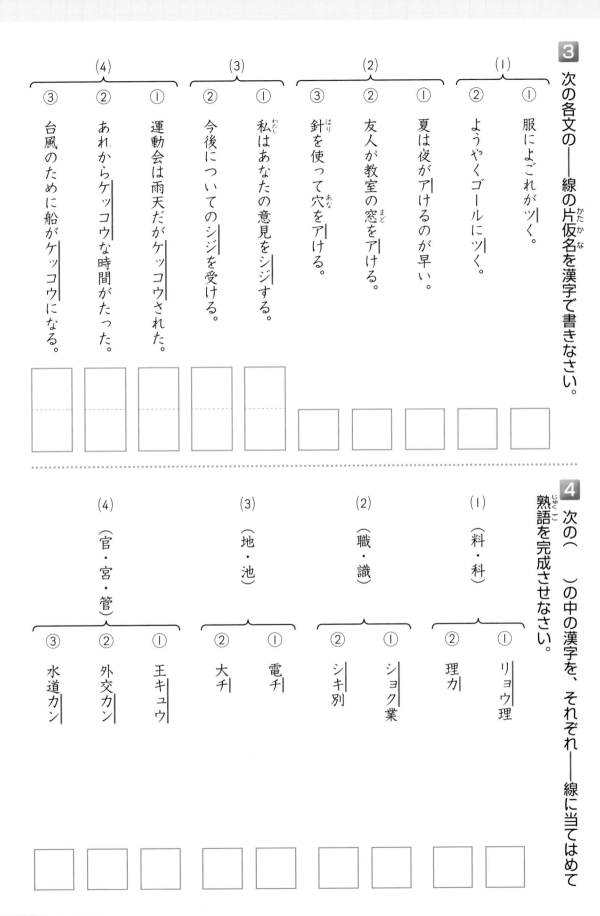

ハイレベル

答え 2ページ

1 次の漢字の部首名を(あ)群から、また、その意味の説明として正しいものを(い)群から、それぞれ選んで、記号を書きなさい。

(1) 雪　(あ)［　］(い)［　］

(2) 情　(あ)［　］(い)［　］

(3) 利　(あ)［　］(い)［　］

(4) 店　(あ)［　］(い)［　］

【(あ)群】

ア おおざと　イ あめかんむり
ウ りっしんべん　エ まだれ
オ はつがしら　カ りっとう

【(い)群】

キ 草・植物　ク 刃物《はもの》
ケ 天気・天候　コ 水
サ 家・建物　シ 心・気持ち

2 次の各組の――線の漢字の中で読み方がちがうものを選んで、記号を書きなさい。

(1) ア 境地　イ 境目　ウ 心境　エ 境界　［　］

(2) ア 無用　イ 無知　ウ 無事　エ 無理　［　］

(3) ア 重荷　イ 重大　ウ 体重　エ 過《か》重　［　］

(4) ア 親族　イ 親切　ウ 親子　エ 肉親　［　］

(5) ア 下見　イ 真下　ウ 下地　エ 川下　［　］

(6) ア 平和　イ 平等　ウ 公平　エ 平安　［　］

学習した日　月　日

3 次の各文には、漢字の使い方が正しくないところがあります。その部分を書きぬき、正しい漢字に書き直しなさい。

(1) 今年の夏は、かなり厚くなるらしい。

(2) お父さんから外国旅行の話を効いた。

(3) 弟は、クラスでいちばん走るのが早いそうだ。

(4) この部屋の証明は、以前より暗い気がする。

(5) そろそろ着席して勉強を再会しよう。

(6) この問題は、絶対に用意には解決しないだろう。

4 次の――線の言葉には、漢字の一部にまちがいがあります。各文の内容《ないよう》に合う正しい漢字に書き直しなさい。

(1) 若《わか》いうちから建康に気をつかっていくべきだ。

(2) 火の元を点険してから出かけるようにしている。

(3) 仕事の能卒を上げるためには休息も必要だ。

(4) 試合が終わり、優勝《ゆうしょう》はBチームに快定した。

(5) この結果は、ほとんどあなたの功積だと思う。

(6) 二人の性格《せいかく》は対昭的で、共通点はほとんどない。

2 いろいろな言葉

標準レベル

確かめよう

答え 3ページ

1 次の言葉が和語、漢語、外来語のどれに当たるかを（　）に書きなさい。また、その言葉を言いかえたものを後から選んで、その記号を□に書きなさい。

(1) プレゼント　（　　）・□

(2) およぎ　（　　）・□

(3) 大量　（　　）・□

(4) 好機　（　　）・□

(5) 手紙　（　　）・□

(6) メッセージ　（　　）・□

ア チャンス　イ 伝言　ウ 水泳

エ いっぱい　オ おくりもの　カ レター

2 次の二つの言葉を組み合わせた複合語《ふくごうご》を、漢字は平仮名《ひらがな》に直して書きなさい。

(1) 家族 ＋ 旅行 →（　　）

(2) 雨 ＋ 雲 →（　　）

(3) 飛ぶ ＋ 回る →（　　）

(4) 粉 ＋ ミルク →（　　）

(5) ごみ ＋ 箱 →（　　）

(6) 歌 ＋ 声 →（　　）

(7) ガラス ＋ コップ →（　　）

(8) 親 ＋ 心 →（　　）

知っトク！ポイント 4ページ

学習した日　月　日

3 次の言葉の(1)〜(5)は類義語《るいぎご》（よく似《に》た意味の言葉）を、(6)〜(10)は対義語《たいぎご》（対《つい》になる意味の言葉）を後の□の中から選んで書きなさい。

(1) 公平 ＝ □
(2) 準備《じゅんび》 ＝ □
(3) 名前 ＝ □
(4) 不安 ＝ □
(5) 永久《えいきゅう》 ＝ □
(6) 直接《ちょくせつ》 ↔ □
(7) 自然 ↔ □
(8) 起点 ↔ □
(9) 感情《かんじょう》 ↔ □
(10) 短所 ↔ □

理性《りせい》	人工
氏名	間接《かんせつ》
用意	心配
長所	永遠《えいえん》
終点	平等

4 次の熟語《じゅくご》の成り立ちを後から選んで、記号を書きなさい。

(1) 親友 □
(2) 昼夜 □
(3) 作文 □
(4) 土地 □
(5) 戦争 □
(6) 高低 □
(7) 登山 □
(8) 思考 □
(9) 青空 □
(10) 天地 □

ア 似《に》た意味をもつ漢字が、組み合わさっているもの
イ 反対や対《つい》の意味をもつ漢字が、組み合わさっているもの
ウ 上の漢字の意味が、下の漢字の意味を修飾《しゅうしょく》する関係にあるもの
エ 上の漢字が動作や作用を、下の漢字が「〜を」「〜に」に当たる意味を表しているもの

ハイレベル 深めよう

答え 3ページ

1 次の外来語の意味を後から選んで、その記号を書きなさい。

(1) イメージ □　(2) ギャップ □

(3) ポジティブ □　(4) エネルギー □

(5) ショック □　(6) アドバイス □

(7) コントロール □　(8) ポイント □

ア 体や心をゆさぶるしょうげき。
イ へだたり。すきま。
ウ 大切なところ。要点。
エ 助言。忠告《ちゅうこく》。
オ 操作《そうさ》。調整。
カ 心に思いうかべる像《ぞう》。情景《じょうけい》。
キ 積極的。前向き。
ク 活動するための源《みなもと》。元気。

2 次の複合語《ふくごうご》を漢字は平仮名《ひらがな》に直して（　）に書きなさい。また、複合語《ふくごうご》の種類を後から選んで、その記号を□に書きなさい。

(1) 休み時間（　　）・□
(2) メロン味（　　）・□
(3) 特別メニュー（　　）・□
(4) 昔話（　　）・□
(5) 貿易会社（　　）・□

ア 和語と和語の組み合わせ
イ 漢語と漢語の組み合わせ
ウ 和語と漢語の組み合わせ
エ 和語と外来語の組み合わせ
オ 漢語と外来語の組み合わせ

学習した日　月　日

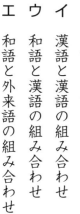

3 次の言葉の(1)〜(5)は類義語《るいぎご》（よく似《に》た意味の言葉）を、(6)〜(10)は対義語《たいぎご》（対《つい》になる意味の言葉）を後の□の中から選んで、漢字に直して書きなさい。

(1) 安全 ＝ □□

(2) 欠点 ＝ □□

(3) 原料 ＝ □□

(4) 賛成《さんせい》 ＝ □□

(5) 用心 ＝ □□

(6) 快調《かいちょう》 ↕ □□

(7) 下品 ↕ □□

(8) 過去《かこ》 ↕ □□

(9) 有名 ↕ □□

(10) 原因《げんいん》 ↕ □□

どうい	けっか
じょうひん	ぶじ
ちゅうい	ざいりょう
みらい	ふちょう
たんしょ	むめい

4 次の熟語《じゅくご》の成り立ちを後から選んで、記号を書きなさい。

(1) 競争 □

(2) 日照 □

(3) 清流 □

(4) 勝負 □

(5) 無害 □

(6) 作曲 □

(7) 気弱 □

(8) 未満 □

ア 似《に》た意味をもつ漢字が、組み合わさっているもの

イ 反対や対《つい》の意味をもつ漢字が、組み合わさっているもの

ウ 上の漢字の意味が、下の漢字の意味を修飾《しゅうしょく》する関係にあるもの

エ 上の漢字が動作や作用を、下の漢字が「〜を」「〜に」に当たる意味を表しているもの

オ 上の漢字が、下の漢字の意味を打ち消しているもの

カ 上の漢字が「〜は」「〜が」に当たる意味を、下の漢字が動作や作用を表しているもの

3 言葉の意味

標準レベル

答え 4ページ

1 次の（　）に当てはまる漢字を後の□の中から選んで、下のような意味になる慣用句《かんようく》を完成させなさい。

(1) （　）がない →とても好きだ。

(2) （　）が合う →気が合う。

(3) 両手に（　） →良いものを独《ひと》りじめする。

(4) （　）がおどる →気持ちがわくわくする。

(5) （　）も食わない →全く相手にされない。

(6) 根も（　）もない →何の証拠《しょうこ》もない。

花　犬　目　心　葉　馬

2 次の（　）に当てはまる慣用句《かんようく》を後から選んで、記号を書きなさい。

知っトク!ポイント 4ページ

(1) 百点をとってほめられても（　）ことなく、勉強をがんばろう。

(2) あまりにおそろしい出来事に（　）。

(3) 話し合いにようやく（　）。

(4) 楽しい気分に（　）ようなことを言われる。

(5) 妹は（　）で、いくら話しかけても返事をしてくれなかった。

(6) このままでは全てかれの（　）だ。

ア うわの空　**イ** けりがつく
ウ 水をさす　**エ** 図に乗る
オ 思うつぼ　**カ** 色を失う

学習した日　月　日

3 次のことわざと似《に》た意味のことわざを後から選んで、記号を書きなさい。

(1) ぶたに真珠《しんじゅ》

(2) のれんにうでおし

(3) うりのつるになすびはならぬ

(4) すずめ百までおどり忘《わす》れず

(5) 二兎《にと》を追うものは一兎《いっと》をも得《え》ず

(6) 弘法《こうぼう》にも筆の誤《あやま》り

ア ぬかにくぎ

イ かえるの子はかえる

ウ ねこに小判《こばん》

エ とんびがたかを生む

オ かっぱの川流れ

カ 三つ子のたましい百まで

キ あぶはち取らず

4 次の各文の――線の言葉と同じ意味で使われているものを後から選んで、記号を書きなさい。

(1) 夏休みの計画をたてる。

ア 空き地に家をたてる。

イ 風が砂《すな》ぼこりをたてる。

ウ 今年の目標をたてる。

エ 屋根にアンテナをたてる。

(2) 洋服をハンガーにかける。

ア 馬が草原をかける。

イ たすきをかたにかける。

ウ 魚をあみにかける。

エ 食事に時間をかける。

(3) 木にのぼる。

ア 山にのぼる。

イ 朝日がのぼる。

ウ 議題にのぼる。

エ 都へのぼる。

(4) 家でテレビをみる。

ア 医師《いし》が患者《かんじゃ》の具合をみる。

イ 私《わたし》が弟のめんどうをみる。

ウ ひどい目をみる。

エ 美術館《びじゅつかん》で絵画をみる。

ハイレベル

深めよう

答え 4ページ

1 次の各組の言葉は、共通の体や心を表す言葉と組み合わせると慣用句《かんようく》になります。その言葉を後から選んで、記号を書きなさい。

(1) ひねる・かしげる

(2) 割《わ》る・くくる・立つ

(3) 進まない・食わない

(4) 高い・余《あま》る・細める

(5) はさむ・すべる

(6) 洗《あら》う・重い・運ぶ

(7) かかえる・下がる

ア 気　イ 腹《はら》　ウ 目　エ 足
オ 首　カ ロ　キ 頭　ク 耳

2 次の各文のような状況《じょうきょう》を表すのに最もよいことわざを後から選んで、記号を書きなさい。

(1) ふだんは厳《きび》しい教頭先生が、卒業式で卒業生たちを前に泣いていた。

(2) いつも注意しているのに、弟は夜ふかししてゲームをしている。

(3) 兄は天気予報《よほう》が晴れであっても、必ず折りたたみがさを持って出かける。

(4) 前日まで遊びまわっていた友人が、テストの直前になって必死に勉強していた。

(5) 昼から雨が降《ふ》って遊びに行けなかったが、そのおかげで勉強に集中できた。

(6) 算数が得意《とくい》なAさんが、簡単《かんたん》な計算問題をまちがえていた。

(7) 転んでけがをしたうえ、そのときに財布《さいふ》も落としてしまった。

ア 焼け石に水　イ 石橋をたたいてわたる
ウ 馬の耳に念仏《ねんぶつ》　エ 泣きっ面《つら》にはち
オ けがの功名　カ 鬼《おに》の目にもなみだ
キ 月とすっぽん　ク さるも木から落ちる

学習した日　月　日

3 次のことわざと最も関係が深い熟語《じゅくご》を後から選んで、記号を書きなさい。

(1) 花より団子《だんご》

(2) 石の上にも三年

(3) 弱り目にたたり目

(4) 朱《しゅ》に交われば赤くなる

(5) 急がば回れ

(6) 三人寄《よ》れば文殊《もんじゅ》のちえ

(7) 一寸《いっすん》の虫にも五分のたましい

(8) 転ばぬ先のつえ

ア 用心　イ 協力　ウ 我慢《がまん》　エ 影響《えいきょう》

オ 意地　カ 不運　キ 着実　ク 実利

4 次の各文の(　)に共通して当てはまる言葉を、□に平《ひら》仮名《がな》で書きなさい。

(1)
- 毎日、家でギターを(　)。
- 冬になると必ずかぜを(　)。
- つなをみんなで(　)。
- 神社でおみくじを(　)。

(2)
- 練習して、ピアノの腕《うで》が(　)。
- 七月になり、気温が(　)。
- 二階の理科室へ(　)。
- 友人の家に(　)。

(3)
- この薬はとてもよく(　)。
- コンサートで演奏《えんそう》を(　)。
- かれは本当に気が(　)。
- 交番で道順を(　)。

(4)
- 夕方なので、家に(　)。
- にわとりの卵《たまご》が(　)。
- 部屋の家具の配置を(　)。
- 電球を新しいものに(　)。

チャレンジテスト

1章 漢字と言葉をきわめる

時間 15分
得点《とくてん》　　点
答え 5ページ

学習した日　月　日

1 次の漢字に共通の部首を付けて、二字熟語《じゅくご》を完成させなさい。　一つ3〔24点〕

(1) 早　化
(2) 去　台
(3) 申　土
(4) 冬　吉
(5) 田　相
(6) 直　木
(7) 月　音
(8) 固　本

2 次の——線に対して正しいものをそれぞれ選んで、記号を書きなさい。　一つ4〔20点〕

(1) 私《わたし》はこの問題からとくことにした。
ア 解く　イ 得　ウ 徳　エ 説く

(2) かれは手先がきようで、絵が上手だ。
ア 着よう　イ 器用　ウ 起用　エ 紀要

(3) 休日というきかいを利用して旅行に出かけた。
ア 器械　イ 機会　ウ 機械　エ 期会

(4) 五時になったので家にかえることにした。
ア 帰える　イ 返る　ウ 返える　エ 帰る

(5) これは、牛乳《ぎゅうにゅう》をかこうしたものだ。
ア 書こう　イ 火口　ウ 加工　エ 囲う

3 次の平仮名《ひらがな》で書かれた各文を、漢字と片仮名《かたかな》を使って適《てき》切《せつ》に書き直しなさい。

一つ4〔20点〕

(1) てえぶるには、いもうとのこくごのきょうかしょがあった。

(2) なつになったら、ゆうじんとかいすいよくにいきたい。

(3) かすてらは、ぽるとがるからにっぽんにつたえられたたべものだ。

(4) おとうとは、ふぁんたじいしょうせつをよむのがすきらしい。

(5) みっつのかみこっぷに、それぞれじゅうすとおちゃとみずをそそいだ。

4 次のことわざや慣用句《かんようく》の意味に近い熟語《じゅくご》を㋐群から、また、それとは反対の意味の熟語《じゅくご》を㋑群から、それぞれ選んで、記号を書きなさい。

一つ3〔36点〕

(1) 鬼《おに》に金棒《かなぼう》　㋐□　㋑□

(2) 泣きっ面《つら》にはち　㋐□　㋑□

(3) 口から先に生まれる　㋐□　㋑□

(4) 頭が痛《いた》い　㋐□　㋑□

(5) 胸《むね》がおどる　㋐□　㋑□

(6) 顔が売れる　㋐□　㋑□

【㋐群】
ア 心配　イ 不幸　ウ 有名
エ 強化　オ 期待　カ 多弁《たべん》

【㋑群】
キ 失望　ク 無口　ケ 弱化
コ 幸福　サ 安心　シ 無名

4 文の組み立て

標準レベル ✦

確かめよう

答え 6ページ

1 〈例〉にならって文節に分けたとき、その分け方として正しいものを、各組の中から選んで、記号を書きなさい。

〈例〉犬が／元気に／公園を／走る。

(1)
ア たぶん／明日は／雨／が／降《ふ》るだろう。
イ たぶん／明日／は／雨／が／降《ふ》るだろう。
ウ たぶん／明日は／雨が／降《ふ》るだろう。
エ たぶん明日は／雨が／降《ふ》るだろう。

(2)
ア この問題は／かなり／難《むずか》しい。
イ この／問題は／かなり／難《むずか》しい。
ウ この／問題／は／かなり／難《むずか》しい。
エ この／問題は／かなり難《むずか》しい。

(3)
ア 私《わたし》は／今日から／ピアノ／教室に／通う。
イ 私《わたし》／は／今日から／ピアノ教室／に／通う。
ウ 私《わたし》は／今日から／ピアノ教室／に／通う。
エ 私《わたし》は／今日から／ピアノ教室に／通う。

2 〈例〉にならって単語に分けたとき、その分け方として正しいものを、各組の中から選んで、記号を書きなさい。

〈例〉私《わたし》／は／昼／から／図書館／に／出かけ／た。

(1)
ア 休日／に／家で／じっくり／本／を／読んだ。
イ 休日／に／家／で／じっくり／本／を／読ん／だ。
ウ 休／日／に／家／で／じっくり／本／を／読んだ。
エ 休日に／家で／じっくり／本を／読んだ。

(2)
ア 弟／が／みんな／の／前／で／元気に／歌う。
イ 弟／が／みんな／の／前／で／元気／に／歌う。
ウ 弟が／みんな／の／前で／元気に／歌／う。
エ 弟／が／みんなの／前で／元気に／歌う。

(3)
ア かれ／は／少し／つかれ／て／いる／ようだ。
イ かれ／は／少し／つかれて／いる／ようだ。
ウ かれは／少し／つかれ／て／いる／よう／だ。
エ かれ／は／少し／つかれて／い／る／よう／だ。

知っトク！ポイント 4ページ

学習した日 月 日

3 次の各文の主語と述語《じゅつご》の関係を後から選んで、記号を書きなさい。

(1) これが　今月　発売された　まんがの　新刊《しんかん》だ。　□

(2) この　店の　チーズケーキは　本当に　おいしい。　□

(3) 君の　ランドセルは　教室の　つくえに　あったよ。　□

(4) 母は　もらった　すいかを　さっそく　切り分けた。　□

(5) 妹は　ゆっくり　休んで　すっかり　元気だ。　□

ア 何(だれ)が(は)―どうする。

イ 何(だれ)が(は)―どんなだ。

ウ 何(だれ)が(は)―なんだ。

エ 何(だれ)が(は)―ある(いる・ない)。

4 次の各文の――線を修飾《しゅうしょく》している言葉を□に書きぬきなさい。

(1) 真夏の太陽は、おどろくほどかがやいていた。

(2) 兄が書いた作文は、優秀賞《ゆうしゅうしょう》をとるほどすばらしい。

(3) きれいな花がさき、小鳥たちが鳴く。

(4) これは、ぼくがとった写真だ。

(5) そこは、緑の草原だった。

(6) 夏はかなり暑く、冬はとても寒い。

ハイレベル

答え 6ページ

1 次の各文の文節の数を漢数字で書きなさい。

(1) 今日からここが君の勉強する部屋だ。 □

(2) 私《わたし》は評判《ひょうばん》のお店にみんなと行ってみた。 □

(3) このパソコンはこわれていて動かない。 □

(4) 今夜は台風のためか非常《ひじょう》にむし暑い。 □

(5) 真っ白な生クリームはまるで雪のようだ。 □

(6) かれは毎日家でトレーニングしている。 □

2 次の各文の単語の数を漢数字で書きなさい。

(1) 私《わたし》は小説を読むことが好きだ。 □

(2) ここからは花火がよく見えない。 □

(3) 向こうにいる人はたぶん兄だ。 □

(4) 美術館《びじゅつかん》でいろいろな絵画を見てくる。 □

(5) 大会に向けて必死に練習していた。 □

(6) かれはかべにモップを立てかけた。 □

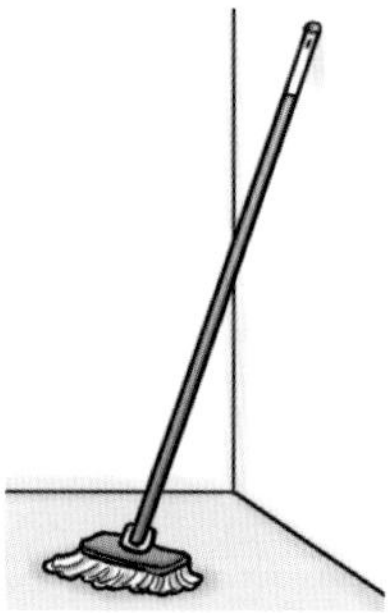

学習した日　月　日

3 次の各文の主語と述語《じゅつご》の関係が同じものを後から選んで、記号を書きなさい。

(1) 友人の 妹が 私《わたし》の ことを 呼《よ》び止めた。 □

(2) 頂上《ちょうじょう》から 見る 風景は とても 美しい。 □

(3) 学校生活の 思い出は 私《わたし》の 大切な 宝物《たからもの》だ。 □

(4) 緑の アマガエルが 学校の 池に いた。 □

(5) 小さな めだかが 川の 中を 泳ぐ。 □

ア あの 建物が 君の 通う 学校だ。

イ ジュースなら もう ここには ない。

ウ 弟は 熱心に メモを 取った。

エ 早朝の 学校は とても 静かだ。

4 次の各文にふくまれる主語と述語《じゅつご》の組み合わせを全て選んで、（　）に番号を書きなさい。また、各文の文の組み立ての種類を後から選んで、□に記号を書きなさい。

(1) ①ここの ②通りは ③桜《さくら》が ④さくと ⑤とても ⑥きれいだ。 （　・　） □

(2) ①夜空に ②大きな ③星が ④きらきらと ⑤明るく ⑥かがやく。 （　・　） □

(3) ①兄は ②まんがを ③読み、④ぼくは ⑤テレビを ⑥見た。 （　・　） □

(4) ①あれは ②昨年 ③卒業生が ④半年かけて ⑤作成した ⑥壁《へき》画《が》です。 （　・　） □

ア 単文　イ 複文《ふくぶん》　ウ 重文

5 単語の分類

標準レベル

確かめよう

答え 7ページ

1 次の各文の単語を「自立語」と「付属語《ふぞくご》」に分けて、全て書きぬきなさい。

(1) ぼく は 教室 で 作文 を 書い て い た。

自立語（　　　　）

付属語《ふぞくご》（　　　　）

(2) 七月 に 公園 の ひまわり が きれいに さく。

自立語（　　　　）

付属語《ふぞくご》（　　　　）

(3) この クリームパン の クリーム は 少ない。

自立語（　　　　）

付属語《ふぞくご》（　　　　）

2 次の品詞《ひんし》（単語を形と働きから分類したもの）の表の［(1)］～［(5)］に当てはまる言葉を後から選んで、記号を書きなさい。

単語
- 自立語
  - 活用がある
    - ［(1)］になる ＝用言
      - 動詞《どうし》　例 走る　…言い切りの形が、ウ段《だん》の音で終わる。
      - 形容詞《けいようし》　例 高い　…言い切りの形が、「い」で終わる。
      - ［(2)］　例 元気だ　…言い切りの形が、「だ・です」で終わる。
  - 活用がない
    - 主語になる ＝体言
      - 名詞《めいし》　例 教科書　…物の名前や事がらを表す。
    - ［(3)］になる
      - 副詞《ふくし》　例 かなり　…主として用言を修飾《しゅうしょく》する。
      - ［(4)］　例 この　…体言を修飾《しゅうしょく》する。
    - 接続語《せつぞくご》になる
      - 接続詞《せつぞくし》　例 しかし　…文と文・文節と文節などをつなぐ。
    - 独立語《どくりつご》になる
      - 感動詞《かんどうし》　例 まあ　…感動・呼びかけ・あいさつなどを表す。
- 付属語《ふぞくご》
  - 活用がある
    - 助動詞《じょどうし》　例 ようだ　…用言・体言などに意味をそえる。
  - 活用がない
    - ［(5)］　例 が・は　…語と語の関係を示《しめ》したり、細かい意味をそえたりする。

ア 連体詞《れんたいし》　イ 助詞《じょし》　ウ 述語《じゅつご》

エ 形容動詞《けいようどうし》　オ 修飾語《しゅうしょくご》　カ 擬音語《ぎおんご》

(1) ［　］　(2) ［　］　(3) ［　］　(4) ［　］　(5) ［　］

知っトク!ポイント 4ページ

学習した日　月　日

3 次の各文の――線の単語の品詞名《ひんしめい》を後から選んで、記号を書きなさい。

(1) 八月のプールはとてもにぎやかだ。

(2) すぐにでも雨が降《ふ》りそうな雲行きだ。

(3) ぼくらはもっと勉強をがんばるべきだ。

(4) ああ、真夏の太陽がとてもまぶしい。

(5) ところで、あなたの妹は元気ですか。

(6) 明日から家族で旅行に出かける。

(7) 私《わたし》の夢《ゆめ》は、学校の先生になることだ。

(8) 昨日、父は出張先《しゅっちょうさき》から帰ってきた。

(9) それはとても大きなパンケーキだった。

(10) 八月の遊園地はかなりさわがしい。

ア 動詞《どうし》　イ 形容詞《けいようし》
ウ 形容動詞《けいようどうし》　エ 名詞《めいし》
オ 副詞《ふくし》　カ 連体詞《れんたいし》
キ 接続詞《せつぞくし》　ク 感動詞《かんどうし》
ケ 助動詞《じょどうし》　コ 助詞《じょし》

(1) □　(2) □　(3) □　(4) □　(5) □
(6) □　(7) □　(8) □　(9) □　(10) □

4 次の各文の――線の単語の用法の説明を後から選んで、記号を書きなさい。

(1) 先生からほめられてうれしかった。
ア 受け身であることを表している。
イ 可能《かのう》であることを表している。
ウ 自然に生じたことであるのを表している。
エ 尊敬《そんけい》する気持ちを表している。
□

(2) この楽しさはまるで天国のようだ。
ア 推定《すいてい》していることを表している。
イ 何かにたとえていることを表している。
ウ 具体的な例を挙げていることを表している。
エ 決意していることを表している。
□

(3) 小鳥が木の枝《えだ》にとまる。
ア 並立《へいりつ》の関係であることを表している。
イ 禁止《きんし》していることを表している。
ウ 主語であることを表している。
エ 強調していることを表している。
□

ハイレベル 深めよう

答え 7ページ

1 次の各文の単語を「活用がある品詞《ひんし》」と「活用がない品詞《ひんし》」に分けて、全て書きぬきなさい。

(1) 姉 は 部屋 の 窓《まど》 を 全て 開け た。

活用がある品詞《ひんし》（　　　　）

活用がない品詞《ひんし》（　　　　）

(2) 九月 に 入っ て 急に 気温 が 下がっ た。

活用がある品詞《ひんし》（　　　　）

活用がない品詞《ひんし》（　　　　）

(3) あの 店 の カレーパン は おいしい。

活用がある品詞《ひんし》（　　　　）

活用がない品詞《ひんし》（　　　　）

2 〈例〉にならって、次の――線の用言（動詞《どうし》・形容詞《けいようし》・形容動詞《けいようどうし》）を「言い切り」の形に直して書きなさい。

〈例〉 本を読んでも、おもしろくなかった。
→読む・おもしろい

(1) がんばって練習し①て、いつかレギュラーになり②たい。

①（　　　　）　②（　　　　）

(2) 天気が悪かっ①たので、富士山《ふじさん》は見え②なかった。

①（　　　　）　②（　　　　）

(3) 静か①な夜の砂浜《すなはま》を、一人でゆっくり歩い②てみたい。

①（　　　　）　②（　　　　）

(4) 桜《さくら》は花が散れ①ば、すぐに緑の葉が生え②てくる。

①（　　　　）　②（　　　　）

(5) あなたが元気なら①、私《わたし》はうれしく②なります。

①（　　　　）　②（　　　　）

学習した日　月　日

3 次の各組の中から、他とは種類や性質《せいしつ》がちがう単語を選んで、記号を書きなさい。

(1) ア 高い　イ 固い　ウ 美しい　エ 言い合い　オ 良い

(2) ア 本番だ　イ 不思議だ　ウ 見本だ　エ ピアノだ　オ 動物園だ

(3) ア おかしな　イ 温かな　ウ 的確《てきかく》な　エ きれいな　オ ほがらかな

(4) ア ただちに　イ ついに　ウ かなり　エ つねに　オ おだやかに

(5) ア この　イ あらゆる　ウ それ　エ 大きな　オ どの

(6) ア 人間　イ ゴム　ウ えび　エ 一位　オ 小石

4 次の各文の——線の単語と同じ用法のものを後から選んで、記号を書きなさい。

(1) かれはごみ拾いのボランティアに参加するそうだ。
ア 今にも雨が降《ふ》り出しそうだ。
イ なんだか向こうは楽しそうだ。
ウ 弟はクラスで最も足が速いそうだ。
エ ようやく話がまとまりそうだ。

(2) 将来《しょうらい》のためにもっと勉強をがんばろう。
ア みんなもきっと君に賛成《さんせい》してくれるだろう。
イ そろそろ四月だが、まだ夜は寒かろう。
ウ 兄もそろそろ空港に着いたろう。
エ 今日までの出来事を作文に書こう。

(3) チームメイトと練習にはげむ。
ア 季節が過《す》ぎて、秋となる。
イ 兄と夕飯の料理を作る。
ウ バナナとりんごを毎日食べる。
エ この俳優《はいゆう》は、母と似《に》ている。

(4) 海に泳ぎに行く。
ア 家に集合する。
イ 七時に家を出る。
ウ みんなに話す。
エ 寒さにふるえる。

6 敬語《けいご》

標準レベル

確かめよう

答え 8ページ

1 次の――線の敬語《けいご》の種類を後から選んで、記号を書きなさい。

(1) 今日の夕方、先生が私《わたし》たちの家にいらっしゃる。 □

(2) この町は、本当にすばらしい場所だと思います。 □

(3) 昨日、あなたから送られてきた手紙を拝見《はいけん》しました。 □

(4) 市長が視察《しさつ》として、海外へ出かけられる。 □

ア 尊敬語《そんけいご》
イ 謙譲語《けんじょうご》
ウ 丁寧語《ていねいご》

2 次の言葉の尊敬語《そんけいご》をあ群から、また、謙譲語《けんじょうご》をい群から、それぞれ選んで、記号を書きなさい。

(1) 言う あ□ い□

(2) 食べる あ□ い□

(3) する あ□ い□

(4) 来る あ□ い□

【あ群】
ア なさる
イ めし上がる
ウ おっしゃる
エ くださる
オ ご覧《らん》になる
カ おいでになる

【い群】
キ 参る
ク 差し上げる
ケ いたす
コ 申す
サ いただく
シ 存《ぞん》じる

知っトク!ポイント 4ページ

学習した日 月 日

3 次の――線の敬語《けいご》は、使い方に正しくないところがあります。正しい使い方に書き直しなさい。

(1) 父はそれには反対だとおっしゃっていました。
（　　　）

(2) すみません、先生は今どちらにおりますか。
（　　　）

(3) その件《けん》でしたら私《わたし》がおききになります。
（　　　）

(4) 飼《か》い犬のタロウにエサを差し上げる。
（　　　）

(5) 校長先生は、毎朝ジョギングをいたすそうだ。
（　　　）

(6) それでは、せっかくなのでめし上がります。
（　　　）

4 次の（　）に当てはまる言葉を後から選んで、記号を書きなさい。

(1) お客様、荷物は私《わたし》が（　　）ので、どうぞおくつろぎください。

ア お運びします　イ お運びになる
ウ お運びになられる　エ 運ばれます
□

(2) 先生、こちらを（　　）。これは妹が先生のためにかいた絵です。

ア ご覧《らん》になってください
イ お目にかけてください
ウ 見てください
エ 拝見《はいけん》してください
□

(3) 後日、改めてごあいさつに（　　）たいと思っております。

ア 行き　イ いらっしゃり
ウ おいでになり　エ うかがい
□

(4) 大臣に（　　）のはこれが初めてなので、とても緊張《きんちょう》しています。

ア お会いになる　イ 会ってあげる
ウ お目にかかる　エ 会う
□

ハイレベル 深めよう

答え 8ページ

1 次の各文の敬語《けいご》の種類を後から選んで、記号を書きなさい。

(1) この町は、私《わたし》が少年時代を過《す》ごした場所でございます。 □

(2) 校長先生が、全校生徒に向けてお話しになる。 □

(3) 先生のご自宅《じたく》でお茶とお菓子《かし》をいただきました。 □

(4) 両親は、本日の十一時ごろにそちらへ参ります。 □

(5) 社長は、明日の式典にご出席なさいますか。 □

ア 尊敬語《そんけいご》　イ 謙譲語《けんじょうご》
ウ 丁寧語《ていねいご》

---

2 次の言葉を（　）にふさわしい敬語《けいご》に直して、□に平仮名《ひらがな》で書きなさい。

(1) 言う
① みなさんが（　）通りです。
② あなたは賛成《さんせい》だと（　）わけですね。

①□□□□
②□□□□

(2) 見る
① それではあなたの作品を（　）。
② 教頭先生が生徒の絵画を（　）。

①□□□□□□
②□□□□□□

(3) 訪《たず》ねる
① 社長が社員の家を（　）。
② みんなで校長先生の家を（　）。

①□□□□□□
②□□□□□□

学習した日　月　日

3 次の各文には、敬語《けいご》の使い方が正しくないところがあります。その部分を書きぬき、正しい使い方に書き直しなさい。

(1) 弟は、まもなくこちらにおいでになります。
（　　　→　　　）

(2) 今日の食事の準備《じゅんび》は、私《わたし》たちがなさいます。
（　　　→　　　）

(3) 祖父《そふ》は、この時間なら公園にいらっしゃいます。
（　　　→　　　）

(4) よろしければ、食事をちょうだいしてください。
（　　　→　　　）

(5) 私《わたし》は先生に手づくりのチョコレートをあたえました。
（　　　→　　　）

(6) お客様が、店員に商品の場所をおききする。
（　　　→　　　）

4 次の手紙の［(1)］～［(3)］に当てはまる言葉を後から選んで、記号を書きなさい。

まだまだ寒い日が続きますが、先生はお変わりなくお過《す》ごしですか。

先生が学校を［(1)］から、早いものでもう一年近くたちました。私《わたし》は相変わらず絵をかいています。絵についてなやむことも多いのですが、先生がよく［(2)］、「なやむのは成長のあかし」という考え方を思い出してがんばっています。近いうちに完成した作品を［(3)］ことができればと考えております。

それでは、先生、お元気で。

二月十四日

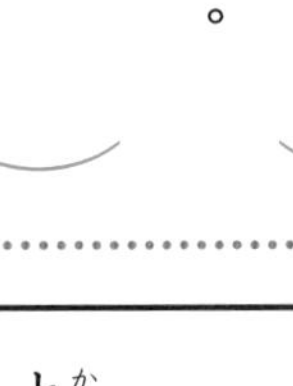

北原《きたはら》 真理《まり》

上山《かみやま》 清《きよし》先生

(1) ア 退職《たいしょく》して イ 退職《たいしょく》いたして ウ 退職《たいしょく》されて エ 退職《たいしょく》していただいて

(2) ア 言っていた イ お話しになっていた ウ 話していた エ 申されていた

(3) ア お目にかかる イ 見せる ウ 見られる エ お目にかける

(1)［　］ (2)［　］ (3)［　］

チャレンジテスト

2章 言葉のきまりをきわめる

時間 20分　得点　　点　答え 9ページ

学習した日　　月　　日

1 次の文章を読んで、問題に答えなさい。

①いよいよ明日から待ち望んでいた夏休みが始まります。②ぼくはこの長い休みを利用して、自分を成長させたいと思っています。③夏休み明けに、ぼくは、成長した姿《すがた》をみんなにお見せします。

(1) ――線①の文を、／で単語に分けなさい。　完答〔6点〕

（いよいよ明日から待ち望んでいた夏休みが始まります。）

(2) ――線②の文を、／で文節に分けなさい。　完答〔6点〕

（ぼくはこの長い休みを利用して、自分を成長させたいと思っています。）

(3) ――線③の文の主語と述語《じゅつご》の関係を後から選んで、記号を書きなさい。　〔6点〕

ア 何(だれ)が(は)―どうする。
イ 何(だれ)が(は)―どんなだ。
ウ 何(だれ)が(は)―なんだ。
エ 何(だれ)が(は)―ある(いる・ない)。

□

2 次の文と組み立てが同じ種類のものを後から選んで、記号を書きなさい。　一つ6〔30点〕

(1) 朝起きてみると空は晴れわたり、風はおだやかだった。　□

(2) どうもこの町の人々はとてもおせっかいなようだ。　□

(3) 母が作ったケーキは、とてもあまくておいしかった。　□

(4) 当時のぼくは幼稚園児《ようちえんじ》で、兄は小学三年生だった。　□

(5) あれは、弟が一人で作ったオムライスだ。　□

ア これは、私《わたし》の妹が幼稚園児《ようちえんじ》のころにかいた父の顔だ。
イ かわいい小鳥の鳴き声が、私《わたし》の心にやさしくひびく。
ウ 弟は先月からギターを習い、妹はピアノを習った。

3 次の各文の――線の単語と同じ用法のものをあとから選んで、記号を書きなさい。 一つ7〔28点〕

(1) かれは確《たし》かにそこにいた。

ア 実におもしろい人だった。

イ 静かな場所で休みたい。

ウ すぐに出発しましょう。

エ 大きな時計がそこにあった。

(2) 言葉の働きについて勉強する。

ア 今、私《わたし》の心は喜《よろこ》びに満ちあふれている。

イ 妹ならさきほど起きたはずだよ。

ウ グラウンドを十周ほど走りました。

エ かれは足が速くてだれも追いつけない。

(3) 知り合いに声をかけられる。

ア もうすぐ社長がここに来られる。

イ 日ざしが快《こころよ》いものに感じられる。

ウ 時間をかければ覚えられる。

エ 花びんを割《わ》ったのを弟に見られる。

(4) 母のかいた絵。

ア クラスの目標。　イ みんなの意見。

ウ 名人の焼いたつぼ。

エ 走るのはきつい。

4 次の手紙を読んで、問題に答えなさい。 一つ8〔24点〕

みなさん、お元気で①おりますか。

私《わたし》が転校してから半年が過《す》ぎました。ようやく新しい学校にもなじみ、日々を楽しく過《す》ごしています。夏休みにはそちらに［②］ので、機会があればみなさんに③お目にかかり、こちらの生活の話などできればと思います。

それでは、みなさん、お元気で。

六月十八日　井上《いのうえ》　ひとし

○○小学校のみなさん

(1) ――線①は敬語《けいご》の使い方として正しくない部分があります。正しい使い方に書き直しなさい。

（　　　　）

(2) ［②］に当てはまる言葉を後から選んで、記号を書きなさい。

ア いらっしゃる　イ うかがう

ウ おいでになる　エ 行かれる

(3) ――線③と同じ意味の敬語《けいご》を□に平仮名《ひらがな》で書きなさい。

7 情景《じょうけい》と心情《しんじょう》

標準レベル

答え 10ページ

知っトク!ポイント 5ページ

学習した日　月　日

1 次の文章を読んで、問題に答えなさい。

翌朝《よくあさ》、いつもより三十分早く家を出て、資材《しざい》置き場に行ってみた。山際《やまぎわ》のコンクリートパイプをのぞいてみたが、シロちゃんの姿《すがた》はなかった。ほかのパイプの中ものぞいてみたのだが、①無駄《むだ》だった。

パイプのそばにつっ立っていたら、後ろから声がした。ふりかえるとランドセルをしょった省吾《しょうご》が立っていた。②登校の途中《とちゅう》、わざわざ遠回りしてやってきたらしい。

「まだ、戻《もど》ってないみたいだなあ」

③保《たもつ》がうなずくと、省吾《しょうご》は、あたりに向かって、「シロちゃーん」と一声叫《さけ》んだ。少しして、もう一度子ネコの名前を呼《よ》んだ。いつもなら、どこからか、ニャーという鳴き声が聞こえ、姿《すがた》を現《あらわ》すのだが、今朝は、どこからも鳴き声がしないし、子ネコもかけよってこない。

「シロちゃん、すごく怖《こわ》かったんだろうなあ。だから、夢中《むちゅう》で逃《に》げだしたんじゃないのか。そいで、帰る道がわかんなくなったんだと思うぜ」

問一　──線①「無駄《むだ》だった」とありますが、これはどのようなことを表していますか。

（　　　　）

問二　──線②「登校の途中《とちゅう》、わざわざ遠回りしてやってきたらしい」とありますが、それはなぜですか。最もよいものを次から選んで、記号を書きなさい。

ア　シロちゃんが戻《もど》ってきていないかを確認《かくにん》するため。

イ　いつものように保《たもつ》といっしょに登校するため。

ウ　シロちゃんにキャットフードをあげるため。

エ　保《たもつ》にこれまでのことについてお礼を言うため。

□

問三　──線③「保《たもつ》がうなずくと、省吾《しょうご》は、あたりに向かって、／『シロちゃーん』と一声叫《さけ》んだ」とありますが、このときの省吾《しょうご》の気持ちとして、最もよいものを次から選んで、記号を書きなさい。

ア　シロちゃんを、だれか素敵《すてき》な人が拾って保護《ほご》してくれていることを願っている。

イ　シロちゃんが、いつものように自分たちの前に姿《すがた》を現《あらわ》してくれることを願っている。

省吾《しょうご》が、しずんだ声で言った。それから、ふとパイプの中をのぞきこんだ。

「シロちゃんのベッドやエサ、どうする。このままにしてたら、パイプといっしょに持ってかれちまうかもしれないぞ」

なるほど、コンクリートパイプの運び出しは、まだ終わったわけじゃない。今日中にも残りのパイプを運び出すかもしれないのだ。

「そうだね。うちに持って帰る。シロちゃんが見つかったら、また、どこかで飼《か》えばいいもの」

まだ登校時間には間があった。保《たもつ》はネコのベッドとエサ入れ、それにキャットフードの袋《ふくろ》を持ち出した。

「おれもつきあうよ」

省吾《しょうご》が横からキャットフードの袋《ふくろ》を取ると、先に立って空き地を出ていった。

いったん家に戻《もど》り、庭の倉庫に④これらをほうりこんで、急いで学校に向かう。⑤ふと、空を見上げると、一面に灰色《はいいろ》の雲がひろがっていた。まるで保《たもつ》たちの気持ちそのままの空模様《そらもよう》だった。

〈那須正幹《なすまさもと》「秘密基地《ひみつきち》のつくりかた教えます」による〉

＊コンクリートパイプ…コンクリートの土管のようなもの。

＊シロちゃん…二人が資材《しざい》置き場で飼《か》っている子ネコ。工事でパイプが運び出されたことにおどろいたシロちゃんはどこかに逃《に》げてしまった。

ウ シロちゃんを、親切な人が自分たちのもとに届《とど》けてくれることを願っている。

エ シロちゃんが、自分たちの助けがなくても強く生きていくことを願っている。

□

ヒント こうすると、いつもならシロちゃんが「姿《すがた》を現《あらわ》す」。

問四 ――線④「これら」が指すものを全て書きなさい。

（　　　　　　　）

問五 ――線⑤「ふと、空を見上げると、一面に灰色《はいいろ》の雲がひろがっていた」とありますが、このときの保《たもつ》と省吾《しょうご》の気持ちとして、最もよいものを次から選んで、記号を書きなさい。

ア シロちゃんが逃《に》げてしまったことに腹《はら》が立って、いらいらしている。

イ シロちゃんとの楽しい日々を思い出して、さみしくなっている。

ウ シロちゃんがいなくなってしまったことがつらくて、落ちこんでいる。

エ シロちゃんと再会《さいかい》する日のことを思って、わくわくしている。

□

ヒント 「灰色《はいいろ》の雲」からは、暗い感じが読み取れる。

ハイレベル

答え 11ページ

1 小学六年生のサキは、ふたごの兄のユウキと共に佐久間《さくま》さんの山荘《さんそう》に出かけました。サキは、あるときから佐久間《さくま》さんと亡《な》くなったかあさんが重なって感じられるようになり、かあさんとの思い出を守るため、佐久間《さくま》さんを遠ざけたくなっています。この文章を読んで、問題に答えなさい。

ユウキは、空気のきれいなこのあたりで、ほんものの星を見たかったのかもしれない。もともと、ユウキは山だとか、自然の中にいるほうが楽しそうだし、生きいきとしているのだ。

でも、そう思ったものの、サキにはあまりユウキのことが、よくわからなかった。年も誕生日《たんじょうび》も同じ、ふたごの兄妹なんて、おたがいのことをよく知っているようでいて、かえってなにを考えているか、さっぱりわからないものなのかもしれない。

「本当は、サキちゃん、こんなへんぴ＊な山荘《さんそう》に連れてこられて、迷惑《めいわく》だったんじゃない。」

①ユウキのことを、あれこれ考えていると、佐久間《さくま》さんがいった。

「ううん。」

＊へんぴ…都会からはなれていて不便な所。

問一 ——線①「ユウキのことを、あれこれ考えている」とありますが、サキはユウキのことをどのような存在《そんざい》だと感じていますか。「知っている」という言葉を使って、三十字以内で書きなさい。

問二 ② に入る言葉を、ここより後の文章中から二字で書きぬきなさい。

問三 ——線③「突然《とつぜん》、外からユウキの声が聞こえてきた」とありますが、このときのユウキの様子をサキはどのように感じていますか。文章中から九字で書きぬきなさい。

学習した日　月　日

サキは、首をふる。

「でも、この間電話したとき、来たくないみたいだったわよ。」

佐久間《さくま》さんはそういって、笑った。

「来たくないんじゃなくて、いつもクリスマスと誕生日《たんじょうび》は、家でしてたから……。」

サキはそういいながら、本心とはちがうことをいってる、と思った。

もっと［②］のことをいわなくちゃ、とサキが考えているときだった。③突然《とつぜん》、外からユウキの声が聞こえてきた。

「おーい、サキ。雪がふってるぞー。」

サキが二階の窓《まど》をあけると、空からふってきた雪が、［④］と目の前を通りすぎていった。

「わあー、雪だー。」

サキは、顔をかがやかせた。すぐに、手のひらを上にして、外に出した。⑤雪が、サキの手のひらにのっかっては、次々にとけて、消えていった。サキはそれを見ているうちに、ふいに思った。

「わたし、ここに来られてよかった。」

それは、本当の気持ちだった。

佐久間《さくま》さんは、だまってうなずいた。

〈三輪裕子《みわひろこ》「森のホワイトクリスマス」による〉

問四 ［④］に入る言葉として最もよいものを次から選んで、記号を書きなさい。

ア　めらめら
イ　ずんずん
ウ　ごろごろ
エ　ちらちら

［　］

問五 ——線⑤「雪が、サキの手のひらにのっかっては、次々にとけて、消えていった」とありますが、このときのサキの心情《しんじょう》として、最もよいものを次から選んで、記号を書きなさい。

ア　佐久間《さくま》さんへのむかむかした気持ちが強まって、攻撃《こうげき》的になりつつある。
イ　佐久間《さくま》さんへのびくびくした気持ちが収《おさ》まって、親密《しんみつ》になりつつある。
ウ　佐久間《さくま》さんへのもやもやした気持ちがやわらいで、素《す》直《なお》になりつつある。
エ　佐久間《さくま》さんへのはらはらした気持ちが弱まって、興味《きょうみ》を失いつつある。

［　］

8 心情《しんじょう》の移《うつ》り変わり

標準レベル

確かめよう

答え 12ページ

1 バレンタインデーの日、小学五年生の「あたし（北原柚《きたはらゆず》希《き》）」は六年生の上山幸哉《うえやまゆきや》くんにおくり物をわたそうと図書館の前にいます。この文章を読んで、問題に答えなさい。

あたしは、ろうかを行ったり来たりして、①それからまた図書館の中をのぞく。ひょっとして、やっぱりもう来てるとか？ あたしがさっき見た時には、本棚《ほんだな》にかくれて見えなかったとか？ でもやっぱり中にいそうもない。

もしかして、今日は来ないつもり？ まさか、そんなあ！ なんだか泣きたくなってきた。

「北原《きたはら》さん、何してるの？ そんなところで」

ふいに声をかけられ、なんだっていいじゃない！ と思いながら、あたしはふり返った。

「うそぉ……」

ほんとに泣きそうになってしまった。立っていたのは、待ちこがれていたその人だったのだ。

「うそって？」

幸哉《ゆきや》くんは、にっこり笑った。

い……。

その日は、幸哉《ゆきや》くんの顔を見ることができなかった。

〈濱野京子《はまのきょうこ》「ビブリオバトルへ、ようこそ！」による〉

知っトク！ポイント 5ページ

学習した日　月　日

問一 ――線①「それからまた図書館の中をのぞく」とありますが、それはなぜですか。次のようにまとめたとき、□に入る言葉を、文章中から書きぬきなさい。

幸哉《ゆきや》くんが図書館に［　　　　　］のかもしれないと思ったから。

問二 ［②］に入る言葉として最もよいものを次から選んで、記号を書きなさい。

ア 落ちついて　イ なやんで　ウ ふざけて　エ あわてて

［　　］

問三 ――線③「えーと、これは……」とありますが、このときの幸哉《ゆきや》くんの様子を十字以内で書きなさい。

［　　　　　　　　　　］

！ヒント 幸哉《ゆきや》くんがどのような「表情《ひょうじょう》」なのかを読み取ろう。

「ごめんなさい。びっくりして。あの幸《ゆき》……上山《うえやま》くん」

「何？　とにかく、寒いから中に入ろうよ」

と、幸哉《ゆきや》くんがドアに手をかけた。あたしは思わず、幸哉《ゆきや》くんの腕《うで》をつかんでしまった。

「待って！」

あたしは、［②］バッグから、小さな紙袋《かみぶくろ》を取り出す。そして、幸哉《ゆきや》くんの目の前につき出す。

③「えーと、これは……」

「上山《うえやま》くん、図書委員会の副委員長、おつかれさまでした！」

幸哉《ゆきや》くんは、とまどったような表情《ひょうじょう》であたしを見ている。

お願い！　受け取って！

ろうかの先から話し声が聞こえた。だれか来る。こんなとこ、見られたくないのに。きゅっとくちびるをかみしめて、幸哉《ゆきや》くんを見る。すると、ようやく笑顔《えがお》が広がった。

「ありがとう、北原《きたはら》さん」

もう、この笑顔《えがお》、最高！　その瞬間《しゅんかん》、あたしは、体がふわふわとうき上がるような気持ちがした。

幸哉《ゆきや》くんは、紙袋《かみぶくろ》をカバンにしまった。そして、二人で図書室に入っていく。幸哉《ゆきや》くんってば、やっぱり、チェックの服着てる。そのことがおかしくて、くすっと笑う。でも、ちょっぴり泣きたい気持ちにもなった。ああ、なんか、切な

問四　次の問題に答えなさい。

(1)　この文章における柚希《ゆずき》の心情《しんじょう》の移《うつ》り変わりを、大きく二つに分けるとすると、心情《しんじょう》が変化したきっかけにはどのようなことがありましたか。最もよいものを次から選んで、記号を書きなさい。

ア　幸哉《ゆきや》くんに図書館に入れてもらえたこと。
イ　幸哉《ゆきや》くんがおくり物を受け取ってくれたこと。
ウ　幸哉《ゆきや》くんからおくり物をもらえたこと。
エ　幸哉《ゆきや》くんが話しかけてくれたこと。

［　　］

(2)　柚希《ゆずき》の心情《しんじょう》はどのように移《うつ》り変わっていますか。最もよいものを次から選んで、記号を書きなさい。

ア　うきうきしていた気持ちが急にしぼんで、何もかもがいやになっている。
イ　いらいらしていた気持ちが発散されて、落ちつきを取りもどしている。
ウ　不安だった気持ちが一気に解消《かいしょう》されて、興奮《こうふん》しどきどきしている。
エ　うんざりしていた気持ちがすっかりなくなって、やる気に満ちあふれている。

［　　］

ヒント　「ありがとう、北原《きたはら》さん」の前後の内容《ないよう》に着目。

ハイレベル

深めよう

答え 13ページ

1 ホワイトデーの日、柚希《ゆずき》は幸哉《ゆきや》くんからのお返しを心待ちにしています。ところが幸哉《ゆきや》くんは図書館に来てくれません。この文章を読んで、問題に答えなさい。

　結局、昼休みに幸哉《ゆきや》くんはやってこなかった。放課後も、幸哉《ゆきや》くんが図書館に来なかったら、あたしは失恋《しつれん》ってことになるのかな。そう思うと、胸《むね》がきゅーっと苦しくなった。あたしは、ぼんやりしながら、なんとか午後の授業《じゅぎょう》を乗り切った。

　放課後、すぐに図書館に行って、しばらく待ってみた。でも、貸《か》し出し当番以外の六年生はだれも来なかった。

　①あたしは、図書館を出ると、三階にある六年二組の教室へと向かった。そっと教室をのぞいてみたけれど、すでにだれもいなかった。

　もう、帰ってしまったのだろうか。なんだかがっかり。しかたなく引き返して階段《かいだん》を下りかけた時、上のほうから、話し声が聞こえて、思わず足を止める。その声に聞き覚えがあったのだ。

「……ほんとにあたしにだけ？　けっこうチョコもらってたでしょ」

月《げつ》公園に立って、学校を見下ろしていた。

　空をながめると、朝の晴天がうそみたいに、どんよりとした低い雲がたれこめていた。なんだかあたしの気持ちみたいだ、と思ったら、すーっと涙《なみだ》が流れた。

　けれど、涙《なみだ》だけじゃなかった。ぽつりぽつりと、地面に水玉模様《もよう》ができていく。あたしの頬《ほお》にも、雨が当たった。

　それでも、あたしはしばらくそこにつっ立っていた。

〈濱野京子《はまのきょうこ》「ビブリオバトルへ、ようこそ！」による〉

＊美彩《みさ》さん…図書委員長で、幸哉《ゆきや》くんの同級生。

問一　――線①「あたしは、図書館を出ると、三階にある六年二組の教室へと向かった」とありますが、その理由を「……を確認《かくにん》するため。」が続くように書きなさい。

（　　　　）を確認《かくにん》するため。

問二　――線②「もうすぐ、卒業なんて……」とありますが、この言葉には美彩《みさ》さんのどのような気持ちが表れていますか。「さびしい」という言葉を使って書きなさい。

（　　　　）

学習した日　月　日

＊美彩《みさ》さんの声だった。そして……。
「だって、好きじゃない相手にお返しするなんて、かえっていけないんじゃないかなって、思ったんだ。といって、せっかく用意してくれたものを、いらないって断《ことわ》るのも悪いと思ったから、受け取ったけど。バレンタインデーのお返しは、別に義務《ぎむ》じゃないだろ」

幸哉《ゆきや》くんだった。

「ねえ知ってた？　今日で、つきあい始めて、ちょうど三か月なんだよ。でも、②もうすぐ、卒業なんて……。やっぱり、幸哉《ゆきや》も同じ学校、受験できればよかったって思っちゃう。先生にもすすめられてたのに」

「そうしたかったけどさ。おれんち、そんなに余裕《よゆう》ないから、私立《しりつ》は最初からあきらめてた」

「ごめんね。わかってたことなのに、つい。もう、学校で会えなくなると思うとさびしくて……」

「何いってんだよ。家だって遠くないし、いつだって会えるだろ」

「うん、そうだね。そうだよね」
そう答えた美彩《みさ》さんの声は、ほとんど涙声《なみだごえ》だった。
その後、あたしはどうやって階段《かいだん》を下りて、学校を出たのか、記憶《きおく》がなかった。[③]気がついた時には、学校裏《うら》の花

問三　[③]に入る言葉として最もよいものを次から選んで、記号を書きなさい。

ア　もっと
イ　ぞっと
ウ　ずっと
エ　はっと

[　]

問四　次の問題に答えなさい。

(1)　この文章における柚希《ゆずき》の心情《しんじょう》の移《うつ》り変わりを、大きく二つに分けるとすると、その心情《しんじょう》が移《うつ》り変わったのはなぜですか。最もよいものを次から選んで、記号を書きなさい。

ア　自分が失恋《しつれん》したことを確信《かくしん》してしまったから。
イ　自分が失恋《しつれん》するのかもしれないと不安になったから。
ウ　自分の気持ちがよく分からなくなってしまったから。
エ　自分の気持ちを受けいれてもらえたと知ったから。

[　]

(2)　移《うつ》り変わった柚希《ゆずき》の心情《しんじょう》を情景《じょうけい》で最もよく表している部分を文章中から一文で探《さが》して、初めの五字を書きぬきなさい。

[　][　][　][　][　]

9 人物像《じんぶつぞう》

標準レベル

答え 14ページ

知っトク!ポイント 5ページ

学習した日　月　日

1 「ぼく（ジュン）」は、クラスのうでずもう大会に向けて、毎朝六時から姉のミキと、担任《たんにん》の山下《やました》先生に公園でトレーニングをしてもらっています。あるどしゃぶりの日、ジュンは練習を休もうとしてミキから「へなちょこ」としかられます。この文章を読んで、問題に答えなさい。

①「ぼくは、へなちょこじゃない！　こんなどしゃぶりじゃあ、トレーニングはできないだろうって思っただけだ」

でも、そう言いながら、ぼくの頭には、とび箱や水泳のクロール、さかあがりやなわとびの二重とびといった、いまだにできないままのことが、つぎつぎとうかんできた。

「じゃあ行ってみましょうよ。先生は、言ったことはちゃんと守るんだから」

「それって、ぜったいなの」

「そう、ぜったい。山下《やました》先生なら。わたし知ってるもん。②もし、公園に行って、先生がいなかったら、これから一週間、わたしのおやつをあげてもいい。そのかわり先生がいたら、これから、気合いを入れてトレーニングするのよ。いい、約

←

問一　――線①「ぼくは、へなちょこじゃない！」とありますが、このときのジュンの気持ちを次のようにまとめたとき、□に入る言葉を、文章中から書きぬきなさい。

□がたくさんある自分は、実は本当に「へなちょこ」なのかもしれないと不安になっている。

ヒント　「そう言いながら」どう思っているのかを読み取ろう。

問二　――線②「もし、公園に行って、先生がいなかったら、これから一週間、わたしのおやつをあげてもいい」とありますが、ミキのこの発言から読み取れることとして、最もよいものを次から選んで、記号を書きなさい。

ア　弟には自分がついていないとダメだと思っている。

イ　山下《やました》先生のことを心の底から信頼《しんらい》している。

ウ　山下《やました》先生のことがよく分かっていない。

エ　弟はやればできるということを確信《かくしん》している。

□

問三　――線③「家を出たときには、六時をすぎていた」とありますが、このときのジュンの心情《しんじょう》として、最もよいものを次から選んで、記号を書きなさい。

束よ」

「わかった」

ミキねえちゃんに、むりやりおこされたぼくは、ほおをふくらませたまま着がえた。

③家を出たときには、六時をすぎていた。

「あ……」

山下《やました》先生がいた。

どしゃぶりの雨の中、先生は、かさをさして、ぼくらをまっていてくれた。

「ほらね」

ミキねえちゃんが、ぼくのせなかをドンとたたいた。

「ネバーギブアップ！」*

先生が、「おはよう」より先に、親指を立てて言った。

「先生、ジュンがね……」

「④　！」

ミキねえちゃんが言いかけたのをさえぎって、ぼくは、大きな声でこたえた。

〈くすのきしげのり「ネバーギブアップ！」による〉

*ネバーギブアップ…「決してあきらめない」という意味。

ア　トレーニングができないのが残念だ。

イ　トレーニングにおくれてしまってくやしい。

ウ　トレーニングを休まないミキねえちゃんはえらい。

エ　トレーニングに行くのは気が進まない。

問四　④に入る言葉を、文章中から八字で書きぬきなさい。

問五　山下《やました》先生の人物像《じんぶつぞう》として、最もよいものを次から選んで、記号を書きなさい。

ア　どんなにつらいことであっても、気合いと根性《こんじょう》で乗り切るような人物。

イ　子どもが好きで、ついついあまやかしてしまうこともあるような人物。

ウ　大切なことは、言葉だけではなく自らの行動によっても示《しめ》すような人物。

エ　自分にも他人にもきびしく、やる気がない人間をきらうような人物。

ヒント　山下《やました》先生の言動に着目し、ふさわしいものを選ぼう。

ハイレベル ✦✦✦ 深めよう

答え 15ページ

1 「ぼく（喜一《きいち》）」は、最近いっしょに暮《く》らすようになった祖母《そぼ》のきわ子《こ》さんと、飼《か》い犬のダイヤの散歩に出かけ、そのとき、ダイヤがきちんとしつけられていることに気づきます。この文章を読んで、問題に答えなさい。

「この際《さい》だで、ダイちゃんを一人前の番犬にしようと思っとるんな」

「でもダイヤって、トイプードルだよ」

「小型犬《こがたけん》でも警察犬《けいさつけん》になる犬もおるし。それに、なにか役に立ちたいでな」

役に立ちたいって、どういうことだろう。ダイヤが家族の役に立つってこと？　それとも……。

ソファーの上で、散歩のときにきわ子《こ》さんがいってたことばの意味を考えていたら、①「喜一《きいち》」って姉ちゃんの声がした。
②「朝っぱらから、なにぼーっとしてんの。きわ子《こ》さんは？」
姉ちゃんはリビングをすっと見わたして、冷房《れいぼう》のスイッチを入れた。
「二階」
ぼくがいうと、姉ちゃんは「あっそ」っていってキッチン
ぜんぜんよくない。
④「じっさい、あんた役に立ってないし」
むっかー。

ぼくはくちびるをつきだした。

「でもさ、もし、きわ子《こ》さんが『お世話になってるんだから』なんて考えてたとしたら……。きわ子《こ》さんだけじゃないよ、家族のだれかが、『家族の役に立ちたい』なんて思ってたとしたら、あたし、やだな」


〈いとうみく「ごきげんな毎日」による〉

問一　――線①「『喜一《きいち》』って姉ちゃんの声がした」とありますが、姉ちゃんは何をしにきたと思われますか。

（　　　　　）

問二　――線②「朝っぱらから、なにぼーっとしてんの」とありますが、このときの喜一《きいち》は実際《じっさい》は何をしていましたか。文章中から二十八字で探《さが》して、初めと終わりの三字を書きぬきなさい。

初め □□□　終わり □□□

学習した日　月　日

へ行った。

テーブルの下で、ダイヤがゴム製《せい》のボールにじゃれついている。

「番犬にするんだって」

ぼそっというと、姉ちゃんは牛乳《ぎゅうにゅう》をグラスに注ぎながら、

「はっ？」と首をかしげた。

「きわ子《こ》さん、ダイヤを番犬にするんだって。散歩のときに特訓してるっていってた」

「なんで？」

「役に立ちたいんだって」

「……それってダイヤがってこと？　それともきわ子《こ》さん？」

ぼくがだまると、姉ちゃんはふーんっていって流しにグラスを置いた。

「そういうのって、ちょっとさびしいよね」

「え、なにが？」

「だから、役に立つとか立たないとか」

「姉ちゃん、ぼくに『役に立たない』って怒《おこ》るじゃん」

姉ちゃんが ③ ぼくを見た。

「うるさいな。本人に役に立たないっていうのはいいんだよ」

問三 ③ に入る言葉として最もよいものを次から選んで、記号を書きなさい。

ア ぎろっと　**イ** ぐるっと

ウ ふわっと　**エ** そっと

□

問四 ――線④「むっかー」とありますが、このときの喜一《きいち》の心情《しんじょう》が態度《たいど》に表れている部分を文章中から一文で書きぬきなさい。

（　　　　）

問五 姉ちゃんの人物像《じんぶつぞう》として、最もよいものを次から選んで、記号を書きなさい。

ア 弟に対しては少し乱暴《らんぼう》な面があるものの、実は気の小さい一面をもっているような人物。

イ 一見しっかりしているように見えるものの、案外うっかりした一面もあるような人物。

ウ 他人にはやさしく接《せっ》するものの、家族に対してだけはきびしい面を見せるような人物。

エ 弟に対しては少し乱暴《らんぼう》であるものの、実は家族に対する思いやりをもっているような人物。

□

チャレンジテスト　3章　物語文をきわめる

時間 30分　得点　　点　答え 16ページ

学習した日　　月　　日

1 美織《みおり》は、地元の宇宙《うちゅう》科学館の「スペース合宿」という企《き》画《かく》で、合宿で知り合った由衣《ゆい》、幼《おさな》なじみの岳《たける》と共に天体観《かん》測《そく》をしています。この文章を読んで、問題に答えなさい。

「美織《みおり》ちゃん？　大丈夫《だいじょうぶ》？　＊また具合でも悪いの？」

由衣《ゆい》が、心配そうに美織《みおり》の顔をのぞきこむ。美織《みおり》はハッとして、あわてて［①］を横にふった。

「あ……だ、大丈夫《だいじょうぶ》。なんでもないよ。ごめんね。心配かけちゃって」

「それならいいけど……。でも、もし気分が悪かったら、かくさずにちゃんと言ってね。それから他のことでも……何か相談したいことがあったら、何でも話してくれたらいいから！」

②由衣《ゆい》のやさしい言葉が、美織《みおり》には何よりうれしかった。

美織《みおり》はパパが亡《な》くなってから、パパの話をだれにも話そうとはしなくなっていた。話せば、かわいそうに……と、みんなが気づかってくれる。それが、よけいにつらかったのだ。

でも由衣《ゆい》は、今まで出会っただれよりも、一番仲良くなれた友達だった。由衣《ゆい》といっしょにいると、美織《みおり》は自分でも不思議なくらい、何でも話せるような気がしていた。

問一　［①］に入る言葉を、体の一部を表す漢字一字で書きなさい。〈10点〉

［　　］

問二　——線②「由衣《ゆい》のやさしい言葉が、美織《みおり》には何よりうれしかった」とありますが、このときに美織《みおり》の心情《しんじょう》はどのように移《うつ》り変わっていますか。次のようにまとめたとき、［　］に入る言葉を書きなさい。〈10点〉

だれにも話そうとしなくなっていたパパの話を、［　　］。

（　　　　　　　）

問三　［③］に入る言葉として最もよいものを次から選んで、記号を書きなさい。〈10点〉

ア　ずっとせかしている

イ　じっと待ってくれている

ウ　さっとさえぎっている

エ　そっと補《おぎな》ってくれている

［　　］

「あの……実はね。私——由衣《ゆい》ちゃんに話してないことがあるんだ。私《わたし》のパパのことなんだけど……」

美織《みおり》は思い切って話を切りだした。由衣《ゆい》は落ち着いた表情《ひょうじょう》で、美織《みおり》の言葉を［　③　］。

「私《わたし》のパパはね……天文学者だったんだ。宇宙《うちゅう》が大好きで、いつもいろんな星の話を聞かせてくれた。私《わたし》もパパの話を聞くのが大好きだった。でも……三年前に、パパは病気で亡《な》くなったの。だから、私《わたし》がパパのかわりに、宇宙《うちゅう》の研究をしようと思ってる。パパみたいな天文学者になって、パパが働いていた天文台で働くのが夢《ゆめ》なんだ。その夢《ゆめ》をかなえるために、この合宿に応募《おうぼ》したの」

④南の空にひときわ輝《かがや》く土星をながめながら、美織《みおり》はパパのことを話してみた。自分の口から、おどろくほど自然に言葉が出てくるのを感じた。

「そっか、そうだったんだ……」

それだけ言うと、⑤由衣《ゆい》はだまったまま美織《みおり》のそばに立っていた。美織《みおり》も何も言わず、由衣《ゆい》の横で夜空を見上げていた。二人とも、しばらく何も話さなかったけれど、ぜんぜん重苦しい雰囲気《ふんいき》ではなかった。言葉を交《か》わさなくても、おたがいの気持ちが感じ取れるようだった。

問四 ——線④「南の空にひときわ輝《かがや》く土星をながめながら、美織《みおり》はパパのことを話してみた」とありますが、このときの美織《みおり》の様子として、最もよいものを次から選んで、記号を書きなさい。〔10点〕

ア つらい気持ちをこらえながら話している。
イ 楽しい気持ちで話している。
ウ おだやかな気持ちで話している。
エ いら立ちをおさえながら話している。

［　　］

問五 ——線⑤「由衣《ゆい》はだまったまま美織《みおり》のそばに立っていた。美織《みおり》も何も言わず、由衣《ゆい》の横で夜空を見上げていた」とありますが、そのときの美織《みおり》の思いを次のようにまとめたとき、［　］に入る言葉を文章中から三十字以内で書きぬきなさい。〔10点〕

由衣《ゆい》となら、［　］かのように思えている。

すると、⑥由衣《ゆい》が何かを決心したように美織《みおり》を見つめ、口を開いた。

「前にね……夜中に目が覚めたとき、美織《みおり》ちゃんが、『パパ、行かないで!』って寝言《ねごと》を言ってるのが聞こえたの。すごく悲しそうに言ってたから、本当はすごく気になってたんだ……」

⑦由衣《ゆい》の言葉に、美織《みおり》は思わず目を丸くした。

え? もしかして、あの＊夢《ゆめ》? あの夢《ゆめ》を——知らないうちに見てるってこと?

少し困惑《こんわく》しながら、美織《みおり》は由衣《ゆい》の方を向いた。

「私《わたし》……そんな寝言《ねごと》を言ってたの? 知らなかった。なんだか、はずかしいな」

「はずかしくなんかないよ! 大丈夫《だいじょうぶ》。だれにも言わないから! それに……そんな大事な話をちゃんと話してくれて、ありがとう。私《わたし》で良かったら……なんでも言ってね。美織《みおり》ちゃんなら——美織《みおり》ちゃんのパパみたいに、きっと素敵《すてき》な天文学者になれると思う」

由衣《ゆい》はニッコリほほえんだ。由衣《ゆい》の言葉はまっすぐで、少しも痛《いた》みは感じない。美織《みおり》は素直《すなお》に由衣の言葉を受け入れ、もう一度夜空を見上げた。

「うん。ありがとう。なれるといいな……本当に。パパみた

問六 ——線⑥「由衣《ゆい》が何かを決心したように美織《みおり》を見つめ、口を開いた」とありますが、由衣《ゆい》は美織《みおり》にどんなことを話す決心をしたのですか。「寝言《ねごと》」という言葉を使って、二十五字以内で書きなさい。〔10点〕

問七 ——線⑦「由衣《ゆい》の言葉」とありますが、由衣《ゆい》の言葉をきいた美織《みおり》の心情《しんじょう》として、最もよいものを次から選んで、記号を書きなさい。〔10点〕

ア 喜《よろこ》び　イ おどろき

ウ 悲しみ　エ いかり

問八 ——線⑧「由衣《ゆい》はクスリと笑った」とありますが、ここに表れている由衣《ゆい》の岳《たける》への思いとして、最もよいものを次から選んで、記号を書きなさい。〔10点〕

ア 岳《たける》の回りくどいやり方に少しあきれながらも、その根底にあるやさしさに好ましさを感じている。

イ 岳《たける》のかしこいやり方にとても感心して、自分も岳《たける》のようにふるまいたいとあこがれを感じている。

いに頭が良いわけじゃないけど、がんばらなきゃね。それに、岳《たける》にも負けたくないし。岳《たける》はいつもふざけてるけど……あれでけっこう勉強できるんだよ」

美織《みおり》は、黒星《くろぼし》先生と笑いながら星を見上げている岳《たける》を指さした。

「実は、岳《たける》君も……美織《みおり》ちゃんのこと、ずいぶん心配してたんだよ？　美織《みおり》ちゃんが元気になった後も、大丈夫《だいじょうぶ》なのかって――私《わたし》にこっそり様子を聞きにきたの。本人に直接《ちょくせつ》聞けばいいのにね」

⑧由衣《ゆい》はクスリと笑った。

「岳《たける》が……？　そんなキャラ＊じゃないのに？」

思いもよらず、岳《たける》と由衣《ゆい》のやさしさが美織《みおり》の中にしみこんできた。うれしいような、はずかしいような――⑨なんとも言えない温かい気持ちになった。

〈山田亜友美《やまだあゆみ》「スペース合宿へようこそ」による〉

＊また具合でも～…実験中に薬品のにおいをかいだ美織《みおり》は、具合が悪くなって気を失ってしまっている。

＊あの夢《ゆめ》…霧《きり》の中で美織《みおり》がパパに置いていかれてしまう夢《ゆめ》。

＊キャラ…ここでは、性格《せいかく》のようなこと。

ウ　岳《たける》の能天気《のうてんき》な様子にかなりあきれながらも、そのやさしさや素直《すなお》さを素敵《すてき》なものだと感じている。

エ　岳《たける》の素直《すなお》になれない態度《たいど》にかなりいらいらして、もっと素直《すなお》になれないものなのかと感じている。

問九　――線⑨「なんとも言えない温かい気持ちになった」とありますが、そのような気持ちになった理由が述《の》べられている一文を探《さが》して、初めの五字を書きぬきなさい。〔10点〕

問十　由衣《ゆい》の人物像《じんぶつぞう》として、最もよいものを次から選んで、記号を書きなさい。〔10点〕

ア　ほがらかで、自然と周りをリラックスさせて楽しい雰《ふん》囲気《いき》を作り出すことができる人物。

イ　まじめであり、よくない考え方をしそうになる人物を正しい道へもどすことのできる人物。

ウ　にぎやかで、みんなの心を自然と落ちつかせることで安心感を生み出すことができる人物。

エ　思いやりがあり、相手の気持ちに寄《よ》りそって話をしたり聞いたりすることのできる人物。

10 筆者の経験《けいけん》と考え

標準レベル

確かめよう

答え 17ページ

1 次の文章を読んで、問題に答えなさい。

子供《こども》の頃《ころ》の私《わたし》には、オムライスが何よりのご馳走《ちそう》であった。私《わたし》の父は*宇都宮《うつのみや》市内の中心部にあった電気工事会社に勤《つと》め、母は郊外《こうがい》の*新開の町で食料品店をやっていた。日曜日でも父は仕事にでかけていき、母は客がくるのだからと店を閉《し》めなかった。休みなしで懸命《けんめい》に働いていたのだ。世の中全体がそんなふうで、私《わたし》の両親が［①］というのではない。

②それでも年に一度ぐらい、盆《ぼん》と正月には両親の気が合って、街に遊びにいった。そうだ、「街」という言い方をしたのだった。

宇都宮《うつのみや》の繁華街《はんかがい》とは、バンバのことである。二荒山《ふたあらやま》神社の前の馬場町《ばばちょう》あたりのことで、宇都宮藩《うつのみやはん》の*馬場があったからバンバと言ったのかとも思う。二荒山《ふたあらやま》神社に向かって参道をなし、*仲見世《なかみせ》が出来ていた。*浅草《あさくさ》の仲見世《なかみせ》と同じで、小店がハーモニカのように連なっている。内部は衣料品やおもちゃや金魚すくいなどがあり、外側は飲食店になっていた。バンバにでかけるとは、まず仲見世《なかみせ》を通って二荒山《ふたあらやま》神社にお参り

*宇都宮《うつのみや》・浅草《あさくさ》…地名。
*馬場…馬術の練習場
*新開…新たに切りひらかれること。
*仲見世《なかみせ》…寺や神社の付近にある商店街。

〈立松和平《たてまつわへい》「バンバのオムライス」による〉

問一 ［①］に入る言葉として最もよいものを次から選んで、記号を書きなさい。

ア 普通《ふつう》　イ 健全
ウ 特別　エ 全力

問二 ――線②「街に遊びにいった」について、次の問題に答えなさい。

ヒント 「世の中全体がそんなふう」だったことから考えよう。

(1) ここでの「街」とは、二荒山《ふたあらやま》神社の前の馬場町《ばばちょう》あたりのことですが、これを三字で表した言葉を文章中から書きぬきなさい。

(2) 「街」での筆者のいちばんの楽しみは何をすることですか。文章中から十字以内で書きぬきなさい。

知っトク！ポイント 5ページ

学習した日　月　日

することだった。

③仲見世《なかみせ》から大通りを渡《わた》ると、両側に上野《うえの》デパートがあった。古い宇都宮《うつのみや》の人たちは、上野《うえの》さんと呼《よ》んでいた。デパートにさんをつけて呼《よ》ぶのは、日本広しといえど宇都宮《うつのみや》だけではないだろうか。最近は、古くから愛された老舗《しにせ》も東京資本《しほん》に押《お》され気味である。

子供《こども》の私《わたし》の最大の楽しみは、映画《えいが》を観《み》ることであった。花屋敷《はなやしき》には小さな遊園地も併設《へいせつ》されていて、映画館《えいが》にはいると遊園地にも無料で入場できた。

屋敷《やしき》、電気館、歌舞伎座《かぶきざ》と、映画館《えいが》には東京というより浅草《あさくさ》の名前がつけられている。花《はな》

映画《えいが》は楽しかった。弟と私《わたし》と観《み》たい映画《えいが》が分かれると、父と母も分かれてそれぞれ付き合ってくれた。親は自分たちが映画観賞《えいがかんしょう》をするというよりも、子供《こども》へのサービスが本当の目的だったのだ。

映画《えいが》を観終《みおわ》ると、待ち合わせ場所を決めて落ち合い、それから一家四人で食堂《しょくどう》にはいった。その時食べるのが、オムライスかライスカレーかハヤシライスだったのだ。ことにオムライスを忙《いそが》しい母はつくってくれなかったから、何よりのご馳走《ちそう》だった。卵《たまご》の薄皮《うすかわ》をスプーンで破《やぶ》り、なかのチキンライスを少しずつ掘《ほ》って食べる。あまりにもおいしいので、一気に食べてしまうのはもったいないのであった。

問三 ――線③「古い宇都宮《うつのみや》の人たちは、上野《うえの》さんと呼《よ》んでいた」とありますが、ここから分かることとして、最もよいものを次から選んで、記号を書きなさい。

ア 上野《うえの》デパートがみんなの尊敬《そんけい》の対象《たいしょう》だったということ。
イ 上野《うえの》デパートが地元で親しまれていたということ。
ウ 上野《うえの》デパートのサービスが良かったということ。
エ 上野《うえの》デパートの商品の品質《ひんしつ》が良かったということ。

問四 筆者にとって「オムライス」とは、どのようなものですか。最もよいものを次から選んで、記号を書きなさい。

ア 子供《こども》の頃《ころ》は毎日のように食べていた母のやさしさを思い出させる食べ物。
イ 子供《こども》の頃《ころ》のあわただしくも楽しい日々と結びついている父の得意《とくい》料理。
ウ 子供《こども》の頃《ころ》はどうしても食べさせてもらえなかったあこがれのご馳走《ちそう》。
エ 子供《こども》の頃《ころ》の家族との幸せな思い出と結びついている何よりのご馳走《ちそう》。

ヒント 思い出から「オムライス」への思いを読み取ろう。

ハイレベル

深めよう

答え 18ページ

1 次の文章を読んで、問題に答えなさい。

「きまりごと」をきちんと守らないと、ちゃんとした人間になることができないように感じていた。*強迫観念《きょうはくかんねん》に近かったように思う。

①洋服の試着室でも、私《わたし》はルールを真面目《まじめ》に守っていた。男《だん》性《せい》の試着室にあるかどうかわからないが、女性《じょせい》の試着室にはフェイスカバーが置いてある。今では店員さんに渡《わた》されることも多いが、大学生の時によく行っていたお店は、試着室の利用が自由で、カーテンの中に入ると、ぽんと、ティッシュの様なフェイスカバーの箱が置いてあった。

「試着の際《さい》には、フェイスカバーを必ずご利用ください」

試着室の鏡にはこう貼《は》り紙がしてあった。なので、私《わたし》は必ずフェイスカバーをつけて試着をしていた。フェイスカバーは[②]した薄《うす》い紙でできていて、それをかぶるとスカートのチャックの位置やジーンズの前と後ろがよくわからなくなってしまう。自分の服を脱《ぬ》ぐときにもフェイスカバーをつけていたので、いつも着替《きが》えに時間がかかった。けれど仕方がなかった。そういう「きまり」だと思っていたからだ。

ある日、私《わたし》はそのお店で、同い年くらいの女性《じょせい》客が二人、

〈村田沙耶香《むらたさやか》『となりの脳《のう》世界』所収「ルール人間」による〉

*強迫観念《きょうはくかんねん》…心に残り続ける不安な気持ち。

問一 ——線①「洋服の試着室でも、私《わたし》はルールを真面目《まじめ》に守っていた」とありますが、このときの筆者の心情《しんじょう》として、最もよいものを次から選んで、記号を書きなさい。

ア ルールを守っていれば、あらゆる問題から解放《かいほう》されると安心している。

イ ルールを守らなければ、ちゃんとした人間になれなくなるとおびえている。

ウ ルールを守ることで、自分が正しい人間であることを確信《かくしん》している。

エ ルールを守っているから、自分はえらい人間だとほこりをもっている。

[ ]

問二 [②]に入る言葉として最もよいものを次から選んで、記号を書きなさい。

ア ひらひらと　イ くらくらと　ウ だらだらと　エ ゆらゆらと

[ ]

問三 ——線③「私《わたし》は衝撃《しょうげき》を受けた」とありますが、これと同じ意味の心情《しんじょう》を表す言葉を、文章中から八字で書きぬきなさい。

学習した日　月　日

試着室のカーテンを開けたまま、楽しそうにコートを着たり脱《ぬ》いだりしているのを見た。

フェイスカバーをつけていない！ ③私《わたし》は衝撃《しょうげき》を受けた。なんてマナーのなっていない人なのだろうと思った。

しかし次の瞬間《しゅんかん》、そもそも、なんでフェイスカバーをつけなくてはいけないのだろうか？ とはたと考えた。私《わたし》はそれすらも考えずに、とにかく鏡に貼《は》られている命令に従《したが》っていただけだったのだ。

調べた結果、化粧《けしょう》が洋服につかないためにフェイスカバーをつけなくてはいけないらしい、ということを知った。それならば、パンツやスカートの試着でもかぶっていた私《わたし》は、むしろ資源《しげん》を無駄《むだ》にしていたのでは……とショックを受けた。フェイスカバーはすごく高級そうな紙でできているので、④今まで、あれを何枚《まい》も無駄遣《むだづか》いしてしまっていたのだと思うと、気が遠くなった。

とにかくルールを守ればいいというわけではない、と思ったのはこの出来事がきっかけだ。ルールやマナーは大切だが、何も考えずにそれに頼《たよ》ると、変な人間になってしまう。変なことは悪いことではないので、別になってもいいのだが、ルールに甘《あま》えて思考停止《ていし》することは、楽だけれど危険《きけん》なことだと、その時から思うようになったのだ。

問四 ――線④「今まで、あれを何枚《まい》も無駄遣《むだづか》いしてしまっていたのだ」とありますが、ここでいう「無駄遣《むだづか》い」に当たるのはどのようなことですか。次のようにまとめたとき、□に入る言葉を書きなさい。

自分の服を脱《ぬ》ぐときや、□ということ。

（　　　　　）

問五 この文章で筆者が言いたかったのはどのようなことですか。次のようにまとめたとき、□に入る言葉を「思考停止《ていし》」「危険《きけん》」という言葉を使って、三十字以内で書きなさい。

ルールというものは、□ため、ただ守ればいいというものではないということ。

チャレンジテスト　4章　随筆《ずいひつ》文《ぶん》をきわめる

時間 20分　得点　点　答え 19ページ

学習した日　月　日

1 次の文章を読んで、問題に答えなさい。

戦争中、クリームパンというのにはお目にかからなかった。しかし、やはりクリームパン好きというのは、絶《た》えなかったと見えて、いまは、どのパン屋さんに行っても、ちゃんとつくられて、売られている。

*浅草《あさくさ》に、アンジェラスという古いコーヒー屋さんがある。ここは洋菓子《ようがし》が得意《とくい》だが、パンもやる。①あるときここで買ったクリームパンを食べておどろいた。あとからあとから、おいしいクリームがあふれるほどに出てきて、口中いっぱい、クリームのうまさでとろりとしてしまった。あとにもさきにも、こんなにすばらしいクリームパンを食べた覚えがない。

②長い間の、クリームパンへの思いが、いっきょに満たされたように思った。つい二、三日前、浅草《あさくさ》に用事が出来たので、帰途《きと》アンジェラスに寄《よ》り、クリームパンを買おうと思ったところがない。あるのは、クリームパンとよく似《に》たクリームホーンで、新顔である。店の人に聞くと、③在来型《ざいらいがた》クリームパンはもうこしらえていないといった。

すると、あの、あふれるクリームのクリームパンには、もはやあうことが出来ない、あれはただ一度の*逢瀬《おうせ》だったのか、

*ロバのパン屋さん…昭和初期に存在《そんざい》した、移動《いどう》しながらパンを売る屋台のこと。ロバや馬に屋台を引かせていた。

*片恋《かたこい》…片《かた》思い。

問一　――線①「あるときここで買ったクリームパンを食べておどろいた」とありますが、このクリームパンに対する筆者の感想を、文章中から五字で書きぬきなさい。〔20点〕

□□□□□

問二　――線②「長い間の、……いっきょに満たされたように思った」とありますが、ここから想像《そうぞう》できる筆者の理想のクリームパンとは、どのようなものですか。次のようにまとめたとき、□に入る言葉を書きなさい。〔20点〕

パンの中に、□というもの。

問三　――線③「在来型《ざいらいがた》クリームパンはもうこしらえていない」とありますが、筆者はそれをなぜだと考えていますか。最もよいものを次から選んで、記号を書きなさい。〔20点〕

（　　）

と、④ため息が出た。

クリームパンに、クリームをあふれるほど入れると、きっと、ソロバンがあわなくなるのであろう。だから、いまだかつて、パン屋さんのクリームパンのなかに、クリームがあふれたためしがない。かんたんなことだ。戦争前も、いまもパン屋さんの事情《じじょう》は、根本的なところでいささかも変わっていないのだ。

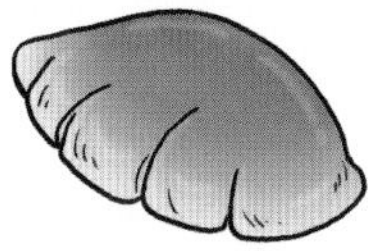

＊ロバのパン屋さんは、車を飾《かざ》りたてていたが、どこか寂《さび》しげであった。こどもたちは、買うことが出来ず、その車のまわりをとびはねて遊んだ。クリームの少ないクリームパンを食べながら、こどもは、＊片恋《かたこい》の練習をしていたのだ。こちらが欲《ほ》しいほどのものは、なかなか与《あた》えられないことを、ベンキョウしていた。

片恋《かたこい》になれたこどもは、大きくなってもまだ、クリームパンに片恋《かたこい》して、ついつい買ってしまう。どんなにクリームが少なくても、決してクリームパンを嫌《きら》いにならない。ほんの少ししか入っていないことに、胸《むね》をチンと痛《いた》めることがむしろ、いさぎよい思いだ。

〈増田《ますだ》れい子《こ》「クリームパン」による〉

＊浅草《あさくさ》…地名。　＊逢瀬《おうせ》…いとしい相手とあうこと。

ア　人気がないから。　イ　おいしくないから。
ウ　利益《りえき》が出ないから。　エ　手間がかかるから。

問四　――線④「ため息が出た」とありますが、このときの筆者の心情《しんじょう》として、最もよいものを次から選んで、記号を書きなさい。〔20点〕

ア　もうあえないもののことを思って切なくなっている。
イ　かつて味わった体験を思い出してうれしくなっている。
ウ　新たに出会えたもののことを思って楽しくなっている。
エ　もう新たな体験はできないのかとがっかりしている。

問五　筆者にとって「クリームパン」とは、どのようなものですか。次のようにまとめたとき、□に入る言葉を「欲《ほ》しいほどのもの」という言葉を使って、三十字以内で書きなさい。〔20点〕

こどもの自分に片恋《かたこい》という、□ものであり、いまだに片恋《かたこい》の相手として心をときめかせ、胸《むね》を痛《いた》ませるもの。

11 事実と意見

標準レベル

答え 20ページ

知っトク! ポイント 6ページ

学習した日　月　日

1 次の文章を読んで、問題に答えなさい。

スズメバチの巣はみごとなつくりをしています。あまりにみごとなので、スズメバチの巣を、「奇跡《きせき》の芸術《げいじゅつ》」と呼《よ》ぶ人もいるくらいです。

そんなスズメバチの芸術的《げいじゅつてき》な巣づくりには、いくつかのひみつがあります。

ひとつは、巣の材料です。スズメバチの巣の色は、ほとんどが黄土色《おうどいろ》や茶色のため、①「あの巣は泥《どろ》でできているのですか？」と聞かれることがよくあるのですが、すでに説明してきたとおり、彼女《かのじょ》たちが朽《く》ちた木や木の皮をかじりとって、唾《だ》液《えき》と混《ま》ぜたものが、その正体です。どんなに大きくて［②］巣でも、この材料からつくられているのです。

スズメバチは巣に持ちかえった材料を、さらになめらかな*パルプ状《じょう》になるまで、何度もかみくだきます。それから、あとずさりしながら*外被《がいひ》にぬりつけて、③外被《がいひ》をふくらませていきます。このくりかえしで、巣はしだいに丸みのある大きな巣に成長していくのです。

を巣の材料として使っていたのです。

〈中村雅雄《なかむらまさお》「おどろきのスズメバチ」による〉

*パルプ…木などを細かくくだいたもの。
*外被《がいひ》…巣の外側をおおう屋根や壁《かべ》のようなもの。
*巣盤《すばん》…外被《がいひ》に守られた巣の内側のこと。

問一 ——線①「『あの巣は泥《どろ》でできているのですか？』とよく聞かれることがよくある」とありますが、人々がそのような質問《しつもん》をしたのは、巣のどのようなところに注目したからですか。最もよいものを次から選んで、記号を書きなさい。

ア 巣の大きさ。　イ 巣の色。
ウ 巣の形。　エ 巣のにおい。

問二 ［②］に入る言葉として最もよいものを次から選んで、記号を書きなさい。

ア 立派《りっぱ》な　イ 静かな
ウ 密《ひそ》かな　エ 巨大《きょだい》な

問三 ——線③「外被《がいひ》をふくらませていきます」とありますが、その結果、スズメバチの巣はどうなっていきますか。

スズメバチの巣は独特《どくとく》の貝がら模様《もよう》をしていますが、これらの模様《もよう》は、働きバチがとってくる、朽《く》ち木や木の皮の色のちがいによって生まれます。たとえば、スギの皮が多いと暗いこげ茶に、朽《く》ち木がメインなら明るいミルクコーヒー色の模様《もよう》ができるようになるのです。

　女王バチ一匹《いっぴき》で巣をつくっているときは、貝がら模様《もよう》ではなく、外被《がいひ》を一周するように巣づくりがおこなわれるため、しま模様《もよう》になります。働きバチが羽化《うか》して巣づくりに参加するようになると、大勢《おおぜい》が作業をするため、材料のぬり方にむらができて、巣の表面はでこぼこしてきます。このでこぼこにさらに材料をぬりかさねていくと、自然と貝がら模様《もよう》ができあがっていくのです。

　わたしは、これまで千をこえるスズメバチの巣を採集《さいしゅう》してきましたが、ときどき、おもしろい色をした巣を見つけることがあります。

　④ある＊巣盤《すばん》を調べているとき、くっきりと青色をした部分を見つけました。いったい、なにを材料にしたのかと頭をひねりましたが、そのうち、その巣の近くに青いビニール袋《ぶくろ》があったのを思い出しました。スズメバチは、そのビニール袋《ぶくろ》

問四　——線④「ある巣盤《すばん》を調べているとき、くっきりと青色をした部分を見つけました」とありますが、筆者は「巣盤《すばん》」に「青色をした部分」があるのはなぜだと考えていますか。

（　　　　　　　　　　　　　　　　）

ヒント　——線④の直後の二文に「事実」と「考察」がある。

問五　この文章の内容《ないよう》に当てはまるものとして最もよいものを次から選んで、記号を書きなさい。

ア　スズメバチの巣は、あまりにみごとなつくりなので、多くのコレクターが存在《そんざい》している。

イ　スズメバチの巣は、働きバチの唾液《だえき》の成分によって色が変わってくる。

ウ　スズメバチの巣は、女王バチだけでつくっているときはしま模様《もよう》になっている。

エ　スズメバチの巣は、水に弱いので雨がふるとぼろぼろにくずれてしまう。

□

ヒント　文章中から選択肢《せんたくし》と似《に》た表現《ひょうげん》を探《さが》して比《くら》べてみよう。

答え21ページ

❶ 次の文章を読んで、問題に答えなさい。

ぼくたちが食べる食品にふくまれるタンパクには、①質《しつ》のよいものと悪いものがある。たとえば、卵《たまご》や鶏肉《けいにく》にふくまれるタンパクは「質《しつ》のよい」ものなので、それはぼくたちの筋肉《きんにく》や血を作るのに適《てき》している。それに対して、お米やイモなど植物にふくまれるタンパクは一般的《いっぱんてき》に質《しつ》が悪い。

どのくらい質《しつ》が悪いかの計算にはいくつか方法がある。たとえば国連食糧《しょくりょう》農業機関（ＦＡＯ《エフエーオー》）と世界保健《ほけん》機関（ＷＨＯ《ダブルエイチオー》）が一九七三年に発表した方法では、鶏肉《けいにく》にふくまれるタンパクを一〇〇点とすれば、お米のタンパクは六五点、小麦粉《こむぎこ》は四四点、コーンフレークは一六点として計算する。［②］の中に入っているタンパクはどれも質《しつ》が悪い。ちなみに日本のサツマイモは六五点だった。これは、サツマイモを食べても、そのタンパクのうち六五パーセントしか体が利用できないことを意味する。

では、＊ウェナニ村のサツマイモはどうだったのだろう。ぼくはウェナニ村の人たちがあれほど真剣《しんけん》に選んだサツマイモの品種だから、それはきっと優秀《ゆうしゅう》で質《しつ》のよいタンパクをたくさんふくんでいるのではないかと思った。

問一 ――線①「質《しつ》のよいものと悪いもの」とありますが、食品にふくまれるタンパクの「質《しつ》」が「よい」か「悪い」かを決めるのはどのような観点ですか。最もよいものを次から選んで、記号を書きなさい。

ア 食べたときに、それがどのくらいエネルギーになるのかという観点。

イ 食べた後に、それがどのくらい筋肉《きんにく》や血の中にとどまるのかという観点。

ウ 食べた後に、それがどのくらい筋肉《きんにく》や血を作るのに適《てき》しているのかという観点。

エ 食べたときに、それがどのくらいすばやく吸収《きゅうしゅう》されるのかという観点。

問二 ［②］に入る言葉を、文章中から二字で書きぬきなさい。

問三 ――線③「サツマイモを乾燥《かんそう》させて日本に持ち帰り分《ぶん》析《せき》してみる」とありますが、このとき筆者はサツマイモの何について分析《ぶんせき》しましたか。

学習した日　月　日

③サツマイモを乾燥《かんそう》させて日本に持ち帰り分析《ぶんせき》してみると、予想したとおり、④ウェナニ村のサツマイモがふくむタンパクの質《しつ》は八七点、しかも日本のサツマイモの二倍近くの量のタンパクをふくんでいた。同じ量のサツマイモでも、ウェナニ村のサツマイモは、日本のサツマイモより筋肉《きんにく》の材料になるタンパクが、およそ二・五倍もたくさん入っていることになる。

ウェナニ村の人は、なるべくちがった味のサツマイモを自分たちの畑で栽培《さいばい》しようと努力してきた。そのような行動が、結果的に「質《しつ》のよい」タンパクを多くふくむサツマイモを選ぶことにつながったのだろうか。人間はタンパクが足りないときには、それを多くふくむものを食べたくなる性質《せいしつ》をもっているという研究もあるから、ウェナニ村の人たちは、無意《むい》識《しき》のうちに、自分たちが生きていくために最善《さいぜん》のサツマイモを選択《せんたく》してきたのかもしれない。

〈梅﨑昌裕《うめざきまさひろ》「ブタとサツマイモ―自然のなかに生きるしくみ―」による〉

＊ウェナニ村…パプアニューギニアにある村。

問四 ――線④「ウェナニ村のサツマイモがふくむタンパクの質《しつ》は八七点」とありますが、これはどのようなことを表していますか。次のようにまとめたとき、□に入る言葉を「八七」という言葉を使って書きなさい。

（ウェナニ村のサツマイモを食べれば、□ということ。）

問五 この文章における筆者の「考察」として、最もよいものを次から選んで、記号を書きなさい。

ア ウェナニ村の人たちは、ちがった味のサツマイモを自分たちの畑で栽培《さいばい》する努力を続けてきた。

イ ウェナニ村のサツマイモは、日本のものと比《くら》べて「質《しつ》のよい」タンパクを多くふくんでいる。

ウ 人間はタンパクが足りていないと、それを多くふくむものを食べたくなる性質《せいしつ》がそなわっている。

エ ウェナニ村の人たちは、無意識《むいしき》のうちに、「質《しつ》のよい」タンパクを多くふくむサツマイモを選んできた。

□

12 文章の構成《こうせい》

学習した日　月　日

知っトク！ポイント 6ページ

標準レベル

確かめよう

答え 22ページ

1 次の文章を読んで、問題に答えなさい。

[1] 人の暮《く》らしにとって、田んぼはいったいどのような意味を持っているのでしょうか。その答えは、常識的《じょうしきてき》にはコメを作る場ということになります。これまで、自然や歴史《れきし》を研究する学問の分野でも、田んぼはコメを生産する場であるという視点《してん》しか持っていませんでした。[①]、本当にそれだけの意味しかないのでしょうか。

[2] そうした中で、実際《じっさい》に鍬《くわ》を手に持ち、田んぼを耕《たがや》してきた人たちに話を聞くことをフィールドワーク（実地調査《ちょうさ》）の基本《きほん》としてきたわたしたちの研究では、いわゆる田んぼ＝コメ作りの場といった、これまでの常識《じょうしき》には当てはまらない事例に数多く接《せっ》する機会がありました。会話の途中《とちゅう》、ふとしたきっかけで田んぼでの魚捕《と》りの話になった時、農家の人たちはそれまでとは打って変わって、目を輝《かがや》かせて話をしてくれたりします。

[3] 「農家は田植えまではとても忙《いそが》しいんだけど、それが終わると楽しいこともあるんだ。田植えの終わった田んぼには、

問一 [①]に入る言葉として最もよいものを次から選んで、記号を書きなさい。

ア ところで　イ つまり
ウ なぜなら　エ しかし

問二 [3]の段落《だんらく》は、どのような働きをしていますか。次のようにまとめたとき、[　]に入る言葉を「田んぼ」「事例」という言葉を使って、三十字以内で書きなさい。

筆者がフィールドワークで接《せっ》してきた[　]には、具体的にどのようなものがあったのかを示《しめ》す働きをしている。

ヒント 農家の人の話は、[2]の段落《だんらく》に示《しめ》された「事例」の一つである。

問三 [②]に入る言葉を、文章中から三字で書きぬきなさい。

夜になるとナマズがのぼってくるんだ。卵《たまご》を産みに来るんだけど、大きなメスを先頭にして、その後にオスが何匹《なんびき》もついてきたりするんだよ。田植えしたばかりだから田んぼの水は浅いので、ナタやノコギリでたたいてナマズをかんたんに捕《と》ることができるんだよ。」

4 こうした田んぼでの ② は、かつては日本のどの水田地帯に行っても、ごくふつうに目にすることができました。日本の稲作《いなさく》に除草剤《じょそうざい》などの農薬や化学肥料《ひりょう》が大量に使われだすのは、一九六〇年代の高度経済《けいざい》成長期になってからですが、それより前に農村やその近くで生まれ育った人ならば、ほとんどすべてといってよいほどに、田んぼや用水路で魚捕《と》りをした経験《けいけん》を持っています。

5 このように、実際《じっさい》に田んぼを耕《たがや》してきた人たちの声に＊真《しん》摯《し》に耳を傾《かたむ》けると、農家の生活にとって、田んぼというのはけっしてコメを作るためだけの場ではなかったことがわかるのです。

〈安室知《やすむろさとる》「田んぼの不思議」による〉

＊真摯《しんし》に…真面目《まじめ》に。

問四 この文章の内容《ないよう》に当てはまるものとして、最もよいものを次から選んで、記号を書きなさい。

ア 田んぼの研究は、研究する学問の分野によって全く視《し》点《てん》が異《こと》なっている。

イ 農家の人たちは、仕事にほこりがあるので目を輝《かがや》かせて農作業について話をする。

ウ 日本の稲作《いなさく》は、一九六〇年代になると農薬や化学肥料《ひりょう》が大量に使われだした。

エ 田んぼでの魚捕《と》りは、かつてはほとんどすべての日本人が体験していた。

□

問五 この文章の構成《こうせい》として最もよいものを次から選んで、記号を書きなさい。

ア 序論《じょろん》→本論《ほんろん》→結論《けつろん》

イ 結論《けつろん》→理由→具体例→結論《けつろん》

ウ 具体例→意見→まとめ

エ 主張《しゅちょう》→問題提起《ていき》→根拠《こんきょ》→結論《けつろん》

□

ヒント 1・5の段落《だんらく》の関係に着目して考えてみよう。

ハイレベル

答え 23ページ

学習した日　　月　　日

1 次の文章を読んで、問題に答えなさい。

1 「お金」として使われたのは、このほかに塩や布《ぬの》、お茶の葉や鳥の羽、大麦、種、干《ほ》し魚などもあったらしい。①牛や馬などの家畜《かちく》やラクダを、お金のような交換手段《こうかんしゅだん》として使っていた国や地域《ちいき》もあるんだよ。

2 つまり、生活に必要で、だれもが欲《ほ》しいと思い、なおかつ腐《くさ》りにくいもの。そんなものが「お金」として使われていたわけだね。

3 いまでもアフリカのマサイ族の一部では、家畜《かちく》である牛がお金の代わりとなっているから、牛をたくさん持っている人ほどお金持ちとみなされる。

4 [②]自分の所有する牛に子どもを産ませて増《ふ》やすのがとても重要らしい。結婚《けっこん》するときに花婿《はなむこ》から花嫁《はなよめ》に*結納金《ゆいのうきん》として差し出したり、大人の牛1頭と子どもの牛2頭で交換《こうかん》するなどして増《ふ》やしていくということだ。

5 時代が変わり、鉱石《こうせき》から金属《きんぞく》をとる技術《ぎじゅつ》が発達してくると、金、銀、銅《どう》などの金属《きんぞく》がお金として使われるようになっていったんだ。

6 金や銀はそうかんたんに見つけられないから*希少価値《かち》が

問一 ――線①「牛や馬などの家畜《かちく》やラクダを、お金のような交換手段《こうかんしゅだん》として使っていた国や地域《ちいき》もある」とありますが、それはなぜですか。「その国や地域《ちいき》の人々にとってそれらは、……」に続くように書きなさい。

その国や地域《ちいき》の人々にとってそれらは、

（　　　　　　　　）

問二 [②]に入る言葉として最もよいものを次から選んで、記号を書きなさい。

ア しかし
イ または
ウ だから
エ ところが

問三 ――線③「これら」は、何を指していますか。文章中から十字で書きぬきなさい。

ある。しかも、輝《かがや》いていてきれい。だから、金属《きんぞく》加工の技術《ぎじゅつ》が発達してくると、③これらがお金として使われるようになった。

［7］金属《きんぞく》のお金、「硬貨《こうか》」にしたら、都合のいいことがたくさんあったんだ。

［8］第一に持ち運びしやすい。第二にすり減《へ》らず壊《こわ》れない。そして第三に希少価値《かち》がある（供給《きょうきゅう》に限《かぎ》りがある）。この3つだね。

［9］その後、さらに軽くて持ち運びしやすい紙のお金、すなわち「紙幣《しへい》」（お札）が登場したんだ。

［10］紙そのものの価値《かち》は低い。でも、金や銀と交換《こうかん》することが保障《ほしょう》されていればお金として信用でき、使うことができる。だから、どんな材料で作られていてもかまわないことになる。

［11］こうして、実際《じっさい》の素材《そざい》の価値《かち》よりも高い＊付加価値《かち》をもつことになった④紙幣《しへい》も、お金として使われるようになっていったんだ。

〈高取《たかとり》しづか「生きるための『お金』のはなし」による〉

＊結納金《ゆいのうきん》…結婚《けっこん》するときに相手の家におくられるお金。
＊希少価値《かち》…数や量が少ないことによって生じる価値《かち》。
＊付加価値《かち》…元の価値《かち》に付け加えられる価値《かち》。

問四 ［8］の段落《だんらく》は、どのような働きをしていますか。最もよいものを次から選んで、記号を書きなさい。

ア ［7］の段落《だんらく》の内容《ないよう》とは異《こと》なる意見を示《しめ》している。
イ ［7］の段落《だんらく》の内容《ないよう》を補足《ほそく》して説明している。
ウ ［9］の段落《だんらく》の内容《ないよう》の前提《ぜんてい》になる説明をしている。
エ ［9］の段落《だんらく》の内容《ないよう》の根拠《こんきょ》になっている。

□

問五 ——線④「紙幣《しへい》も、お金として使われるようになっていった」とありますが、価値《かち》が低いはずの紙がお金として使えるようになったのはなぜですか。「交換《こうかん》」「信用」という言葉を使って、三十字以内で書きなさい。

問六 この文章を大きく三つに分けるとすると、二つ目、三つ目のまとまりは、それぞれどこから始まりますか。段落《だんらく》の番号を書きなさい。

二つ目 □　三つ目 □

13 要旨《ようし》

標準レベル

確かめよう

答え 24ページ

1 次の文章を読んで、問題に答えなさい。

1 古代エジプトの女性《じょせい》は黒色や青緑色をお化粧《けしょう》に使っていたようだが、昔のお化粧《けしょう》でよく使われていたのが、黒、白、赤の三色だった。その中で、一番使われていたのは赤色だ。世界中で赤はお化粧《けしょう》を代表する色とされ、日本では、縄文《じょうもん》時代、弥生《やよい》時代、そして古墳《こふん》時代まで肌《はだ》に赤い色をぬるのがお化粧《けしょう》とされていた。赤いお化粧《けしょう》は埴輪《はにわ》にぬられた色から想像《そうぞう》されている。では、なぜ赤色がよく使われていたのだろうか。それは、赤色がもっている力にどうやらひみつがあったようだ。

2 みんなは「赤」と聞くと何を思いうかべるだろう。①照りつける太陽、血液《けつえき》、燃《も》えさかる炎《ほのお》。情熱《じょうねつ》の色ともいわれるが、赤は熱や生命力を感じさせる色だ。色の中でも一番パワーが強いのが赤。

3 赤い下着を着ると血行がよくなるということで、「赤パンツ健康法」というものがはやったこともあった。健康に役立つかどうかは別にして、赤いものを着たり赤い部屋にいる

問一 「昔のお化粧《けしょう》」についての説明として正しくないものを次から選んで、記号を書きなさい。

ア 黒、白、赤がよく用いられていた。
イ 赤色が最もよく用いられていた。
ウ 青緑色が広い地域《ちいき》で用いられていた。
エ 日本では赤色がよく用いられていた。

□

問二 ——線①「照りつける太陽、血液《けつえき》、燃《も》えさかる炎《ほのお》」とありますが、これらはどのようなことを表していますか。「赤が、……」に続くように書きなさい。

赤が、（　　　）

問三 3の段落《だんらく》の要点を次のようにまとめたとき、□に入る言葉を、文章中から書きぬきなさい。

昔の人は、科学的に調べることなく赤色がもつ□こともあってか、それを「魔《ま》よけの色」として使っていた。

（　　　）

ヒント 特に段落《だんらく》の後半の内容《ないよう》に着目して読んでみよう。

知っトクポイント 6ページ

学習した日 月 日

と、体温が上昇《じょうしょう》し血液《けつえき》の流れる量が増《ふ》えるといわれている。その強いパワーをもつ赤色を、昔の人は、「魔《ま》よけの色」として使っていた。科学的に赤の効果《こうか》を調べなくても、赤がもつ、強いパワーを知っていたのだから、昔の人はやっぱりすごい。

4 では、なぜ魔《ま》よけの赤をお化粧《けしょう》に使っていたのだろうか？

5 それは、昔から、病気になったり死んでしまったりするのは、だれかのねたみやうらみがこもった視線《しせん》のせいだ、という考え方が世界中にあったからだ。その視線《しせん》は、目、鼻、口など、からだの穴《あな》から入ってくるといわれていた。特に顔の穴《あな》は外にでているので、そんな悪い視線《しせん》が入らないように、しっかりと守らなくてはいけない。そのために魔《ま》よけの赤を、顔や目のまわりにぬったり、口紅《くちべに》として使ったりしていた。②、鼻と耳にはピアス、イヤリングなどをしていた。この、赤を使って魔《ま》よけをするお化粧《けしょう》は、世界共通のことでもあった。このように、当時のお化粧《けしょう》は、魔《ま》よけをして、病気や死を防《ふせ》ぐ意味もあったのだ。〈石田《いしだ》かおり「お化粧《けしょう》大研究—すてきな自分になるために」による〉

問四 ② に入る言葉として最もよいものを次から選んで、記号を書きなさい。

ア だから
イ ところで
ウ たとえば
エ そして

問五 この文章はどのように分けるのがよいですか。最もよいものを次から選んで、記号を書きなさい。

ア 1 2／3 4／5
イ 1 2 3／4 5
ウ 1 2／3 4 5
エ 1／2 3 4／5

問六 この文章で筆者が言いたかったのは、どのようなことですか。「かつて世界中で一番お化粧《けしょう》に使われていた赤色には、……」に続くように書きなさい。

かつて世界中で一番お化粧《けしょう》に使われていた赤色には、

（　　　　）

ヒント 5の段落《だんらく》の内容《ないよう》に着目し、要点をとらえよう。

ハイレベル ＋＋＋ 深めよう

答え２５ページ

学習した日　　月　　日

１ 次の文章を読んで、問題に答えなさい。

[1] 米国《べいこく》のジョージア大学やカリフォルニア大学などの研究者が調べたところ、海に面した１９２カ国から２０１０年の１年間で出たプラスチックごみは２億７５００万トンで、そのうち４８０万〜１２７０万トンが海に流れ出たことがわかりました。プラスチックごみの１・７〜４・６％が、海に流れこんでいるわけです。

[2] この研究によると、①海に流れこんだプラスチックごみが多い国は、多い順に中国《ちゅうごく》、インドネシア、フィリピン、ベトナム、スリランカです。いずれもアジアの国々です。上位20番目までの国は、そのほとんどが、これから豊《ゆた》かになろうとしているアジアやアフリカの途上国《とじょうこく》です。主要先進国では米《べい》国《こく》が20番目でいちばん多く、日本は全体で30番目でした。

[3] あとでくわしくお話ししますが、使い終わってごみになったプラスチックは、陸にうめたり、燃《も》やしたり、もういちど使う「リサイクル」＊にまわしたりして、きちんと処理《しょり》しなければなりません。そうしておけば、海に流れこむこともないのです。

[4] しかし、途上国《とじょうこく》では、このような②プラスチックごみの処《しょ》

問一 [1]の段落《だんらく》の要点を説明したものとして、最もよいものを次から選んで、記号を書きなさい。

ア 海に面した国は世界に１９２カ国あり、全ての国からプラスチックごみが海に流れこんでいる。

イ 海に面している国から出るプラスチックごみは２億トンをこえ、内陸国よりもはるかに多い。

ウ 海に面した１９２カ国は１２００万トン前後のプラスチックごみを出し、大部分が海へ流れている。

エ 海に面している国から出るプラスチックごみのうち、約２〜５％は海に流れこんでいる。

［　　］

問二 ——線①「海に流れこんだプラスチックごみが多い国」とありますが、こうした国のほとんどに共通する特徴《とくちょう》を、[2]の段落《だんらく》の言葉を使って、「アジアやアフリカなどの途上国《とじょうこく》であり、……」に続くように書きなさい。

アジアやアフリカなどの途上国《とじょうこく》であり、

（　　　　　　　　）

問三 ——線②「プラスチックごみの処理《しょり》」の正しい方法を、三十字以内で書きなさい。

（　　　　　　　　）

理《り》に、なかなか手が回りません。新しいものを作りだしていくほうに関心が向いてしまい、ごみの処理《しょり》は、どうしても後回しになってしまうからです。適当《てきとう》に投げ捨《す》ててしまったり、ごみ捨《す》て場はあっても、それがきちんと管理されていなかったりするのです。

5 ごみを［③］するというのは、案外むずかしいものです。かつては、日本もそうでした。プラスチックではありませんが、工場で製品《せいひん》を作るときに出る有害な液《えき》などを、そのまま川や海に捨《す》てていた時代もありました。

6 この研究では、もし、いまプラスチックごみをたくさん海に流してしまっている上位20カ国が、きちんと処理《しょり》しないままにしているプラスチックごみの量を半分にしてくれれば、2025年の時点で、そのようなプラスチックごみは4割《わり》も減《へ》ると予測《よそく》しています。世界中の国々でプラスチックごみを減《へ》らせればよいのですが、とりあえず、これらの国々だけでもプラスチックごみをきちんと処理《しょり》するようにすれば、世界のプラスチックごみは、かなり減《へ》るはずなのです。

〈保坂直紀《ほさかなおき》「クジラのおなかからプラスチック」による〉

＊リサイクル…資源《しげん》を再利用《さいりよう》すること。

問四 ［③］に入る言葉を、文章中から六字で書きぬきなさい。

問五 この文章における筆者の「考察」として、最もよいものを次から選んで、記号を書きなさい。

ア 主要先進国がプラスチックごみの処理《しょり》を徹底《てってい》すれば、世界からそのごみはほとんどなくなるはずである。

イ プラスチックごみは処理《しょり》が徹底《てってい》されているので、世界からそのごみはどんどん減《へ》っていくはずである。

ウ プラスチックごみを大量に海に流す国が処理《しょり》を徹底《てってい》すれば、そのごみを世界からかなり減《へ》らせるはずである。

エ 新しいものを作りだすために、プラスチックごみの処《しょ》理《り》の徹底《てってい》が後回しになるのは仕方ないことである。

1 次の文章を読んで、問題に答えなさい。

国民食へ

[1] 一九八〇年代末から、イタリアで修業《しゅぎょう》した日本人コックや[①]イタリア人のコックが、東京を中心にイタリアンレストランをつぎつぎオープンさせ、パスタを含《ふく》む、本格的《ほんかくてき》なイタリア料理を食べさせることで人気を集めました。日本人の若者《わかもの》のイタリア修業《しゅぎょう》はその後もつづいていて、私《わたし》もイタリアの各地で、地元の伝統《でんとう》パスタを食べたとき、帰りに厨房《ちゅうぼう》を覗《のぞ》いてみると、②それを作っていたのは日本人だった、という経験《けいけん》がしばしばあります。

[2] 九〇年代には「イタめし」*ブームが吹《ふ》き荒《あ》れ、イタリアン*は最盛期《さいせいき》を迎《むか》え、それまでのフレンチに取って代わって、おしゃれなヨーロッパ料理の代表

問一 [①]に入る言葉として最もよいものを次から選んで、記号を書きなさい。〔10点〕

ア ところで
イ あるいは
ウ ところが
エ なぜなら

問二 ――線②「それ」は、何を指していますか。文章中から書きぬきなさい。〔10点〕

問三 [2]の段落《だんらく》の要点を次のようにまとめたとき、[ ]に入る言葉を、文章中から二十五字以内で書きぬきなさい。〔10点〕

一九九〇年代の日本におけるイタリア料理は、時代の中でさまざまな興亡《こうぼう》をくりかえしながら、結果的に[ ]のである。

選手になっていきます。八〇年代までに出店した店が、激《はげ》しい競争に敗れて消えていくなか、つぎつぎ新たな店がオープンしましたが、景気後退《こうたい》の波に襲《おそ》われて、低価格《ていかかく》のカジュアルな店が生まれては消えるなど、＊興亡《こうぼう》が激《はげ》しい時期でした。世界中の生産地から日本人の胃袋《いぶくろ》めがけてやってくる食品・各国料理に対抗《たいこう》して、イタリア料理のみが成長をつづけるのは困難《こんなん》でしたが、そのぶん、安定的にかなり大きな＊シェアーを占《し》めながら定着した、ともいえるでしょう。

3 また外食店では高級＊リストランテと庶民的《しょみんてき》なパスタ屋などに二分化する傾向《けいこう》もはっきりしてきました。この間、パスタ製品《せいひん》の輸入《ゆにゅう》が③し、自由化された最初の年（一九七一年）に三九〇トンだったのが、一九九八年には八万一一〇〇トンと二〇八倍になりました。そして現在《げんざい》では、どこのスーパーでも何種類もの乾燥《かんそう》パスタ、オリーブ油が売られているのが見られるでしょう。

日本の麺《めん》文化とパスタ

4 このような「パスタ」の新たな「国民食」化は、世界広しといえど、ほとんど、④日本だけの現象《げんしょう》ではないでしょうか。その背景《はいけい》には、わが国が長い伝統《でんとう》を誇《ほこ》る麺《めん》文化があるのだと思います。

問四 ③に入る言葉として最もよいものを次から選んで、記号を書きなさい。〔10点〕

ア 微増《びぞう》
イ 減少《げんしょう》
ウ 激増《げきぞう》
エ 停滞《ていたい》

問五 ――線④「日本だけの現象《げんしょう》」とありますが、筆者の考えるその「現象《げんしょう》」が「日本だけ」で起こった原因《げんいん》となるものを文章中から十四字で探《さが》し、初めの五字を書きぬきなさい。〔10点〕

5 おそらく鎌倉《かまくら》時代に中国《ちゅうごく》から麺類《めんるい》が導入《どうにゅう》されてからというもの、日本では、すぐさま麺《めん》の愛好者が非常《ひじょう》に増《ふ》えました。そしてまもなく麺《めん》を繰《く》りのばす独特《どくとく》な器具が開発されて、生産が増大《ぞうだい》したのです。

6 まず入ってきたのは「そうめん」でした。それは一二〇〇年代初めに京都に伝えられ、室町《むろまち》から戦国期に京都市内の常設《じょうせつ》市場で実演販売《じつえんはんばい》されました。そうめんの製法《せいほう》が確立《かくりつ》したのは、江戸《えど》中期でした。また、鎌倉《かまくら》時代には、＊南宋《なんそう》からうどんのもととなる「切り麦」も伝わりました。これはそうめんとは少し ⑤ が異《こと》なります。そうめんは、練り粉《こ》を手もみしながらこよりのように細長く延《の》ばしていくので難《むずか》しいのですが、切り麦のほうは、練り粉《こ》を麺棒《めんぼう》で押《お》し広げ、＊屏風畳《びょうぶだた》みして包丁で切っていくやり方で、比較的簡単《ひかくてきかんたん》です。やがてこの切り麦から、うどん、きしめんが生まれ、室町《むろまち》時代に京都の寺院・公家《くげ》の間に、江戸《えど》中期以降《いこう》には庶民《しょみん》にも、お米以外の主食・間食としてたちまち定着していったのです。

7 またうどん類にならんで、ソバも日本人の日常食《にちじょうしょく》としてなくてはならないものです。ソバは朝鮮《ちょうせん》の僧天珍《そうてんちん》が、東大寺《とうだいじ》でその作り方を教えたのが最初とされていますが、異説《いせつ》もあるようです。いずれにせよ、江戸《えど》時代には日本中に広まりました。江戸《えど》の飲食店のうち六割《ろくわり》以上がうどん類、ソバ類を合

問六 ⑤ に入る言葉を、文章中から二字で書きぬきなさい。〔10点〕

問七 ――線⑥「麺類《めんるい》の地位」とありますが、日本における「麺類《めんるい》の地位」とは、どのようなものですか。文章中から七字で書きぬきなさい。〔10点〕

問八 7の段落《だんらく》は、どのような働きをしていますか。最もよいものを次から選んで、記号を書きなさい。〔10点〕

ア 6の段落《だんらく》の内容《ないよう》の根拠《こんきょ》になる内容《ないよう》を示《しめ》し、筆者の主張《しゅちょう》を展開《てんかい》する8の段落《だんらく》につないでいる。

イ 6の段落《だんらく》の内容《ないよう》を補足《ほそく》する具体例を示《しめ》し、さらに具体例を付け加える8の段落《だんらく》につないでいる。

ウ 6の段落《だんらく》の内容《ないよう》に対する反論《はんろん》を展開《てんかい》し、最終的な結論《けつろん》をまとめる8の段落《だんらく》につないでいる。

エ 6の段落《だんらく》の内容《ないよう》を引きついで説明を付け加え、さらに説明を付け加える8の段落《だんらく》につないでいる。

問九 この文章の内容《ないよう》に当てはまるものとして最もよいものを次から選んで、記号を書きなさい。〔10点〕

わせた麺類《めんるい》店だったともいわれています。

8 明治維新《いしん》で食生活が一部西欧化《せいおうか》しても、⑥麺類《めんるい》の地位はまったく揺《ゆ》るがなかったようです。さらに昭和に入ってからは、ラーメン類や焼きそば類が、そのルーツを中国《ちゅうごく》にもちながらも、日本で独自《どくじ》の進化・展開《てんかい》をして、すっかり国民食になり、日本全国の名物ラーメンが美味《おい》しさを競《きそ》っていることは、いうまでもありません。

9 こうした、うどんやソバ、ラーメン、焼きそばを見てもわかるように、日本人の元来の麺好《めんず》きと外来のものを巧《たく》みに日本の食体系《しょくたいけい》へと取り込《こ》んで適応《てきおう》させてしまう能力《のうりょく》とが、イタリアのパスタをも日本の「国民食」へと押《お》し上げたのでしょう。

〈池上俊一《いけがみしゅんいち》「パスタでたどるイタリア史《し》」による〉

＊イタめし…イタリア料理のこと。
＊フレンチ…フランス料理。
＊興亡《こうぼう》…生まれさかんになることとほろびること。
＊シェアーを占《し》める…（全体の中の）割合《わりあい》を自身のものにする。
＊リストランテ…レストラン。
＊南宋《なんそう》…かつて中国《ちゅうごく》にあった国。
＊屏風畳《びょうぶだた》み…同じ幅《はば》で折り返しながら重ねていく畳《たた》み方のこと。

ア 一九八〇年代末になると、日本でも東京を中心に本格《ほんかく》的《てき》なイタリア料理が食べられる店が増《ふ》えていった。

イ 一九九〇年代になると、イタリア料理はフレンチに次いでおしゃれなヨーロッパ料理と認識《にんしき》されていった。

ウ 鎌倉《かまくら》時代に中国から導入《どうにゅう》された麺類《めんるい》は、長い時間をかけて少しずつ愛好者を増《ふ》やしていった。

エ 明治維新《いしん》で日本の食生活は西欧化《せいおうか》したため、明治時代にパスタはすぐ日本に広まっていった。

□

問十 この文章で筆者が言いたかったのは、どのようなことですか。次のようにまとめたとき、□に入る言葉を、四十字以内で書きなさい。〔10点〕

イタリア料理であるパスタが、日本の「国民食」になったのは、日本人が元来麺好《めんず》きであったことに加えて、□からである。

14 詩・短歌・俳《はい》句《く》の表現《ひょうげん》

標準レベル

確かめよう

答え 27ページ

知っトク！ポイント 7ページ

学習した日　月　日

1 次の詩を読んで、問題に答えなさい。

すいれんと糸トンボ　池田《いけだ》もと子《こ》

こうえんの池に
色とりどりの
すいれんの花がさいた
お日さまが
花におりてきて
「きれいにさいたね」と
［①］

糸トンボは
青いスーツをきて
ひとつひとつの花にとまっては
②すてきだね　と　ごあいさつ
かぜが
しずかに水面《みなも》を　なでていく

問一　［①］に入る言葉として最もよいものを次から選んで、記号を書きなさい。

ア　ほめている　　イ　ないている
ウ　なげいている　　エ　しかっている

［　］

問二　――線②「すてきだね　と　ごあいさつ」に使われている表現《ひょうげん》の工夫《くふう》の説明として、最もよいものを次から選んで、記号を書きなさい。

ア　言葉の一部を省くことで、印象《いんしょう》を深めている。
イ　音を言葉で表すことで、様子を理解《りかい》しやすくしている。
ウ　その行を物の名前で止めて、余韻《よいん》を残している。
エ　言葉の順番を入れかえることで、意味を強調している。

［　］

ヒント「ごあいさつ」で終わっていることに着目する。

問三　この詩について次のようにまとめたとき、［　］に入る言葉を、詩の中から書きぬきなさい。

色とりどりのすいれんの花が咲《さ》きほこるこうえんの池の光景を、「お日さま」や「糸トンボ」や「［　］」を人のように表現《ひょうげん》して、空想的な世界のように表している。

ヒント 人のようにあつかわれているものを探《さが》そう。

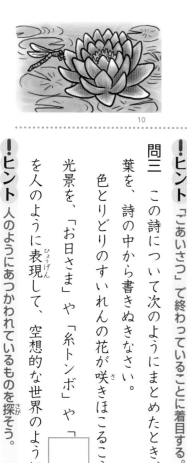

2 次の短歌を読んで、問題に答えなさい。

あ ＊多摩川《たまがわ》の砂《すな》にたんぽぽ咲《さ》くころはわれにもおもふ《（う）》ひとのあれかし　若山牧水《わかやまぼくすい》

い 春のめだか雛《ひな》の足あと＊山椒《さんしょ》の実それらのもののひとつかわが子　中城《なかじょう》ふみ子《こ》

＊多摩川《たまがわ》…東京都を流れる川。　＊山椒《さんしょ》の実…辛味《からみ》のある小さな実。山椒《さんしょう》。

問一 あの短歌の五・七・五・七・七の音を／で分けなさい。

（多摩川の砂にたんぽぽ咲くころは　われにもおもふひとのあれかし）

問二 あの短歌の季節を感じさせる言葉を書きぬきなさい。

（　　　）

問三 いの短歌から想像《そうぞう》できる「わが子」は、どのようなものですか。最もよいものを次から選んで、記号を書きなさい。

ア かわいいながらも油断《ゆだん》ならないもの。

イ 小さくて弱々しいもの。

ウ かわいくてみんなが好きになるもの。

エ 小さいながらも生命力にあふれるもの。

□

ヒント「わが子」と並《なら》べられているものに着目する。

3 次の俳句《はいく》を読んで、問題に答えなさい。

あ ＊まさを《（お）》なる空よりしだれざくらかな　富安風生《とみやすふうせい》

い 露《つゆ》の玉蟻《たまあり》たぢ《（じ）》たぢ《（じ）》となりにけり　川端茅舎《かわばたぼうしゃ》

＊まさを…真《ま》っ青《さお》。

問一 あの俳句《はいく》の五・七・五の音を／で分けなさい。

（まさをなる空よりしだれざくらかな）

問二 あの俳句《はいく》の季節を感じさせる言葉を六字で書きぬきなさい。

□□□□□□

問三 いの俳句《はいく》についての説明として、最もよいものを次から選んで、記号を書きなさい。

ア 小さな存在《そんざい》を応援《おうえん》する作者の情熱《じょうねつ》が感じられる。

イ 小さな存在《そんざい》に注目する作者の視線《しせん》が感じられる。

ウ 小さな存在《そんざい》に無関心な作者の思いが感じられる。

エ 小さな存在《そんざい》を見下す作者の本音が感じられる。

□

ヒント「露《つゆ》の玉《たま》」や「蟻《あり》」をよく観察した俳句《はいく》だと分かる。

ハイレベル 深めよう

答え27ページ

1 次の詩を読んで、問題に答えなさい。

チェンジ　藤真知子《ふじまちこ》

①風がふく
すると
わたしの　まわりの
着古した
空気が
するりと
ぬげる
②あたらしい　空気に
きがえる
その
しゅんかんが好き。

問一　——線①「風がふく」とありますが、これはどのようなことを表していますか。最もよいものを次から選んで、記号を書きなさい。

ア　混乱《こんらん》のきっかけとなる事件《じけん》が生じることを表している。
イ　気持ちを落ちこませる問題が起こることを表している。
ウ　心が明るくなる幸福がおとずれることを表している。
エ　変化のきっかけとなる何かが起こることを表している。

問二　——線②「あたらしい」と反対の意味を表している言葉を、詩の中から四字で書きぬきなさい。

問三　この詩において、あたらしい何かへ「チェンジ（変化）」することは、どのように表現《ひょうげん》されていますか。詩の中から四字で書きぬきなさい。

学習した日　月　日

❷ 次の短歌を読んで、問題に答えなさい。

(あ) ただに大きく四角くクレヨンの父の顔、父の顔とはわたしの顔か　佐佐木幸綱《ささきゆきつな》

(い) 白菜が赤帯しめて店先にうっふんうっふん肩《かた》を並《なら》べる　俵万智《たわらまち》

問一 (あ)の短歌はどのような人が作ったものだと思われますか。「小さな」という言葉を使って書きなさい。

（　　　　）

問二 (い)の短歌の季節を感じさせる言葉を書きぬきなさい。

（　　　　）

問三 次の説明が、(あ)・(い)のどちらの短歌について述《の》べたものなのかをそれぞれ選んで、記号を書きなさい。

(1) 人でないものを人のように表現《ひょうげん》することで、生き生きとした場面を作り出している。　□

(2) おどけたような表現《ひょうげん》の中に、わが子の成長をほほえましく、うれしく思う心情《しんじょう》が表れている。　□

❸ 次の俳句《はいく》を読んで、問題に答えなさい。

(あ) ＊案山子翁《かかしおう》あち見こち見や＊芋嵐《いもあらし》　阿波野青畝《あわのせいほ》

(い) 胴体《どうたい》にはめて浮輪《うきわ》を買ってくる　辻桃子《つじももこ》

＊案山子翁《かかしおう》…翁《おきな》（おじいさん）の顔がかかれた案山子《かかし》のこと。

＊芋嵐《いもあらし》…里芋《さといも》畑にふく強い風。作者の造語《ぞうご》。

問一 (あ)の俳句《はいく》の季節を感じさせる言葉を三字で書きぬきなさい。　□□□

問二 (あ)の俳句《はいく》について次のようにまとめたとき、□に入る言葉を、(あ)の俳句《はいく》の中から書きぬきなさい。

「□□」にふきつけられてゆれ動いている案山子《かかし》を「あち見こち見や」と人間が本当に動いているかのように表現《ひょうげん》することで、畑を守ってくれる案山子《かかし》への親しみの気持ちを表している。

問三 (い)の俳句《はいく》についての説明として、最もよいものを次から選んで、記号を書きなさい。

ア こらえきれないほど不安な思いが、動きに表れた一瞬《いっしゅん》をとらえている。

イ かくしていたうれしい気持ちが、思わずもれた瞬間《しゅんかん》をとらえている。

ウ 待ちきれないほど楽しみな思いが、ひと目で分かる瞬《しゅん》間《かん》をとらえている。

エ おさえていた悲しい気持ちが、急にあふれてきた一瞬《いっしゅん》をとらえている。

□

時間 20分　得点　点　答え 28ページ

学習した日　月　日

1 次の詩を読んで、問題に答えなさい。

さよならけしごむ　やなせたかし

ちいさくなった　けしごむよ
おまえは　まちがい　けすんだね
どんどん　けして　いるうちに
自分のほうが　すりへって
そのうち　きえてしまうんだ
ふるい　ちいさな　けしごむよ
①わかれのときが　きましたね
おまえをみると　おもいだす
はじめて　おまえと　あった日の
あのやわらかい　肌《はだ》ざわり
もうおしまいの　けしごむよ
おまえは　ずいぶん　はたらいた
そんなに　よごれて　[②]
ずいぶん　まちがい　けしたけど
あとには　なにも　のこらない

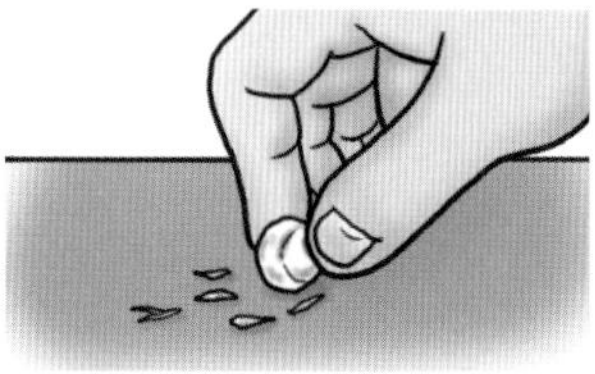

問一 ——線①「わかれのとき」とありますが、これはどのようなことを表していますか。最もよいものを次から選んで、記号を書きなさい。〈11点〉

ア　古いけしごむにあきてしまったということ。
イ　けしごむを使いきってしまったということ。
ウ　新しいけしごむを買ってきたということ。
エ　けしごむがかたくなってしまったということ。

問二 [②] に入る言葉を、詩の中から五字で書きぬきなさい。〈11点〉

問三 この詩に使われている表現《ひょうげん》の工夫《くふう》の説明に当てはまるものを次から二つ選んで、記号を書きなさい。一つ6〈12点〉

ア　人でないものを人のように表している。
イ　音を言葉で表している行がある。
ウ　語尾《ごび》の言葉を省いて表している。
エ　体言（名詞《めいし》）で止めている行がある。

2 次の短歌を読んで、問題に答えなさい。

（あ） 岡に来て両腕《りょううで》に白い帆《ほ》を張《は》れば風はさかんな海賊《かいぞく》のうた　齋藤史《さいとうふみ》

（い） 山に居《お》ればわれに伝は《（わ）》る若葉《わかば》の香《か》行々子《よしきり》＊はいま対岸に啼《な》く　斎藤茂吉《さいとうもきち》

＊行々子《よしきり》…鳥の名前。

問一　（あ）の短歌の中の人物は、自分を何にたとえていますか。漢字一字で書きなさい。〔11点〕

□

問二　（い）の短歌の季節として、最もよいものを次から選んで、記号を書きなさい。〔11点〕

ア　春〜初夏　　イ　晩夏《ばんか》〜秋

ウ　秋〜初冬　　エ　真冬〜晩冬《ばんとう》

□

問三　次の説明が、（あ）・（い）のどちらの短歌について述《の》べたものなのかを選んで、記号を書きなさい。〔11点〕

豊《ゆた》かな自然やその自然の生命力を、においや音など体全体で感じ取っていることを表現《ひょうげん》している。

□

3 次の俳句《はいく》を読んで、問題に答えなさい。

（あ） ピストルがプールの硬《かた》き面《も》にひびき　山口誓子《やまぐちせいし》

（い） 鮟鱇《あんこう》＊の骨《ほね》まで凍《い》ててぶちきらる　加藤楸邨《かとうしゅうそん》

＊鮟鱇《あんこう》…魚の名前。

問一　（あ）の俳句《はいく》の季節を感じさせる言葉を三字で書きぬきなさい。〔11点〕

□□□

問二　（あ）の俳句《はいく》について次のようにまとめたとき、□に入る言葉を、（あ）の俳句《はいく》の中から書きぬきなさい。〔11点〕

プールの水面を「□□□」と表現《ひょうげん》することで、これから競泳の競技《きょうぎ》が始まるという直前、水面までがそうなっていると思うほどの緊張感《きんちょうかん》がただよっていることを表《ひょう》現《げん》している。

問三　（い）の俳句《はいく》の季節についての説明として、最もよいものを次から選んで、記号を書きなさい。〔11点〕

ア　少しずつ寒さが本格的《ほんかくてき》になる初冬。

イ　例年に比《くら》べるとかなり暖《あたた》かい暖冬《だんとう》。

ウ　こごえるほどかなり寒い厳冬《げんとう》。

エ　少しずつ暖《あたた》かくなっていく晩冬《ばんとう》。

□

15 醒睡笑《せいすいしょう》・伊曾保物語《いそほものがたり》

標準レベル

答え 29ページ

知っトク！ポイント 7ページ

学習した日　月　日

1 次の古文と現代語訳《げんだいごやく》を読んで、問題に答えなさい。

古文

客来《きた》るに亭主《ていしゅ》出でて、「飯はあれども麦飯《むぎいい》ぢや《(じゃ)》ほどに、いやであらふ《(ろう)》ず」と①いふ。「我《われ》は②生得《しょうとく》麦飯《むぎいい》が好きぢや《(じゃ)》。麦飯《むぎいい》ならば＊三里《さんり》も行きてくはふ《(おう)》」といふ。「さらば」とてふるまひ《(い)》けり。またある時、件《くだん》の人来《きた》る。③「そちは麦飯《むぎいい》が好きぢや《(じゃ)》ほどに米の飯はあれども出さぬ」といふに、「いや米の飯ならば、五里《ごり》行かふ《(こう)》」とまたくふた。

〈「醒睡笑《せいすいしょう》」による〉

＊三里《さんり》…きょりの単位。一里《いちり》が約四キロ。

現代語訳《げんだいごやく》

客が来たので亭主《ていしゅ》が出てきて、「飯はあるのだが麦飯《むぎめし》だから、いやであろう」と言う。（すると客は、）「私《わたし》は生まれつき麦飯《むぎめし》が好きだ。麦飯《むぎめし》なら三里《さんり》のきょりでも行って食おう」と言う。「それならば」と（麦飯《むぎめし》を）ごちそうした。またある時、例の人がやって来る。「あなたは麦飯《むぎめし》が好きだというから米の飯はあるが出さない」と言うと、「いや米の飯なら、五里《ごり》のきょりでも行こう」と（言って）また食った。

問一　――線①「いふ」を現代仮名《げんだいかな》づかいに直して書きなさい。

（　　　　）

問二　――線②「生得《しょうとく》」とは、どのような意味ですか。現代《げんだい》語訳《ごやく》の中から書きぬきなさい。

（　　　　）

問三　――線③「そち」とは、だれのことですか。古文の中から一字で書きぬきなさい。

□

ヒント　亭主《ていしゅ》がだれと話しているのかを考えよう。

問四　この古文についての説明として、最もよいものを次から選んで、記号を書きなさい。

ア　客の真面目《まじめ》さと正直さに感心している。
イ　亭主《ていしゅ》のやさしさとおおらかさをほめている。
ウ　客のずるさと口のうまさを面白《おもしろ》がっている。
エ　亭主《ていしゅ》のせこさとずるさにあきれている。

□

ヒント　この話の「落ち」を読み取ったうえで考えよう。

ハイレベル ✦✦✦

答え 29ページ

1 次の古文と現代語訳《げんだいごやく》を読んで、問題に答えなさい。

古文

ある驢馬《ろば》、病《やまい》しける所に、獅子王来《ししおうきた》りてその脈《みゃく》を取り試《こころ》む。驢馬《ろば》、これをおそるる事かぎりなし。獅子王《ししおう》、①懇《ねんご》ろのあまりに、その身をあそこここを撫《な》で回して、「いづ(ず)くか痛《いた》きぞ」と②問へば、驢馬《ろば》謹《つつし》んで云《いわ》く、「獅子王《ししおう》の御手《おて》の当《あた》り候所《そうろうところ》は、今までかゆき所も痛《いた》く候《そうろう》」と、③震《ふる》い震《ふる》いぞ申《もう》ける。

そのごとく、人の思は(わ)くをも知らず、懇《ねんご》ろだてこそうたてけれ。大切をつくすといふ(う)とも、つねに馴《な》れたる人の事なり。知らぬ人にあまり礼をするも、かへつ(っ)て狼藉《ろうぜき》とぞ見えける。

〈「伊曽保物語《いそほものがたり》」による〉

現代語訳《げんだいごやく》

ある驢馬《ろば》が、病気になっていた所に、獅子王《ししおう》がやって来てその脈《みゃく》を診《み》ようとする。驢馬《ろば》は、これをかぎりなくおそれる。獅子王《ししおう》は、親切の度が過《す》ぎて、驢馬《ろば》の体中をあそこここと撫《な》で回して、「どこが痛《いた》いのか」と問うので、驢馬《ろば》がおそれかしこまって言うには、「獅子王《ししおう》の御手《おて》の当たります所は、今まではかゆい所も痛《いた》いのでございます」と、震《ふる》えながら申し上げた。

そのように、人の思うことを知らないで、親愛を示《しめ》すのは感心しない。愛情《あいじょう》を示《しめ》すというのは、ふだんから慣《な》れ親しんでいる人へのことである。知らない人にあまりに丁重《ていちょう》にふるまうのは、むしろ無礼だと見受けられるものだった。

問一 ——線①「懇《ねんご》ろのあまりに」とは、どのような意味ですか。現代語訳《げんだいごやく》の中から書きぬきなさい。

（　　　　）

問二 ——線②「問へば」を現代仮名《げんだいかな》づかいに直して全て平《ひら》仮名《がな》で書きなさい。

（　　　　）

問三 ——線③「震《ふる》い震《ふる》いぞ申《もう》ける」とありますが、このときの驢馬《ろば》の心情《しんじょう》を、古文の中から四字で書きぬきなさい。

□□□□

問四 この古文が伝えようとしていることとして、最もよいものを次から選んで、記号を書きなさい。

ア 人への対応《たいおう》は、その関係性《かんけいせい》で変えていくべきだ。
イ 他人には遠慮《えんりょ》なくやさしく接《せっ》するべきだ。
ウ 親しい相手であっても丁重《ていちょう》にふるまうべきだ。
エ だれにでも平等に親切にしていくべきだ。

□

時間 20分　得点　点　答え 30ページ

学習した日　月　日

1 次の古文と現代語訳《げんだいごやく》を読んで、問題に答えなさい。

古文

*式部《しきぶ》の大輔《たいふ》大江匡衡《おおえのまさひら》朝臣《あそん》の息、*式部《しきぶ》の権《ごん》の大輔《たいふ》挙周《たかちか》朝臣《あそん》、重病をうけて、たのみすくなく見えければ、母赤染右衛門《あかぞめえもん》、住吉《すみよし》に①まうでて、七日籠《こも》りて、「このたびたすかりがたくは、すみやかにわが命にめしかふ(う)べし」と申して、七日にみちける日、*御幣《みてぐら》のしでに書きつけ侍《はべ》りける、

かはら(わ)んといのる命は惜《お》しからでさてもわかれんことぞかなしき

かくよみて奉《たてまつ》りけるに、神感《じんかん》やありけん、挙周《たかちか》が病よくなりにけり。母下向《げこう》して、喜《よろこ》びながら②この様を語るに、挙周《たかちか》③いみじく歎《なげ》きて、「我《われ》生きたりとも、母を失ひ(い)ては何のいさみかあらん。かつは不孝《ふこう》の身なるべし」と思ひ(い)て、住吉《すみよし》にまうでて申しけるは、「母われにかは(わ)りて命終《おわ》るべきならば、速《すみや》かにもとのごとくわが命をめして、母をたすけさせ給《たま》へ(え)」と泣く泣くいのりければ、④神あはれ(わ)みて御《お》たすけやありけん、母子共に事ゆゑ(え)なく侍《はべ》りけり。

〈「古今著聞集《ここんちょもんじゅう》」による〉

*式部《しきぶ》の～…役職名《やくしょくめい》。　*朝臣《あそん》…「くん・さん」のような男性《だんせい》への呼《よ》び方。
*御幣《みてぐら》のしで…串《くし》にはさんで神に献上《けんじょう》する布《ぬの》や紙。

問一　――線①「まうで」を現代仮名《げんだいかな》づかいに直して書きなさい。〈20点〉

（　　　）

問二　――線②「この様を語る」とありますが、母は挙周《たかちか》にどのようなことを語ったのですか。「神」「命」という言葉を使って、三十字以内の現代《げんだい》の言葉で書きなさい。〈20点〉

問三　――線③「いみじく」とは、どのような意味ですか。現代語訳《げんだいごやく》の中から書きぬきなさい。〈20点〉

（　　　）

現代語訳《げんだいごやく》

式部《しきぶ》の大輔《たいふ》の大江匡衡朝臣《おおえのまさひらあそん》の息子《むすこ》で、式部《しきぶ》の権《ごん》の大輔《たいふ》の挙《たか》周朝臣《ちかあそん》が重病にかかって、長く生きられそうもないように見えたので、母の赤染右衛門《あかぞめえもん》は住吉《すみよし》神社に参り、七日間籠《こ》もっておいのりし、「今回（挙周《たかちか》の命が）たすかりがたいのであるなら、すぐに私《わたし》の命と引きかえてください」と申して、七日たった日、御《み》幣《てぐら》のしでに（このように）書きつけました、

（わが子の命に）かわろうといのる自分の命は惜《お》しくはありませんが、わが子と死に別れることこそかなしいことです

このようによんで（御幣《みてぐら》を）献上《けんじょう》したところ、神の心を深く動かしたのであろうか、挙周《たかちか》の病気はよくなった。母は神社からもどり、喜《よろこ》びながらこのことを語ると、挙周《たかちか》はひどく嘆《なげ》き、「私《わたし》が生き残っても、母を失っては何のはげみがあるだろう。しかも親不孝《おやふこう》の身となってしまうはずだ」と思って、住吉《すみよし》神社に参って申し上げたのは、「母が私《わたし》にかわって命が終わらねばならないならば、すぐにもとのように私《わたし》の命をお取りになって、母（の命）をおたすけください」と泣く泣くいのったところ、神は感心して御《お》たすけがあったのだろうか、母子共に何事もなかったといいます。

問四 ——線④「神あはれみて」とありますが、神はどのようなことに「あはれみ」を感じたのですか。最もよいものを次から選んで、記号を書きなさい。〔20点〕

ア 母の全てを包むやさしさ。
イ 母子の心底からの思いやりの気持ち。
ウ 母の際限《さいげん》ないいつくしみの気持ち。
エ 挙周《たかちか》の裏表《うらおもて》のない正直さ。

□

問五 この古文から読み取れることとして、最もよいものを次から選んで、記号を書きなさい。〔20点〕

ア 親は、子どもから大切にあつかってもらえるように愛《あい》情《じょう》をもって育てなければいけない。
イ 子どもは、親が自分をどのようにあつかったとしても大切にあつかわなければならない。
ウ 親は、子どもをどれほど大切に育てていたとしてもあらゆる見返りを求めてはならない。
エ 親子は、たがいに相手を思いやって同じくらい深い愛《あい》情《じょう》をもっていなければならない。

□

16 物語文

標準レベル

答え 31ページ

学習した日　　月　　日

1 「ぼく（もとヤン）」は、最近この町に引っこしてきた転校生です。この文章を読んで、問題に答えなさい。

やなぎ公園をみんなで出た。大通りまでくると、それぞれが自分の家の方角へ向かう。

「じゃあな。」

「バイバ～イ。」

信号は赤だった。待っているのは、タケちゃんとぼくのふたりだけだ。

「①いいよ。ひとりで帰れるから。」

ぼくはタケちゃんにそう言った。申しわけなかったからだ。公園を出て、タケちゃんの家を通りすぎるときから思っていた。この大通りまでくれば、もうまよう道はない。

なのに、タケちゃんは首をふった。

「ちゃんと家まで送るって、もとヤンのお母さんと約束してるから。」

「だけど。」

さっきまで感じなかったけど、上着なしでは少し寒い。日

←

問一 ――線①「いいよ。ひとりで帰れるから」とありますが、このときのもとヤンの気持ちを次のようにまとめたとき、□に入る言葉を書きなさい。

自分を家まで送るために、自分の家を通りすぎているタケちゃんに対して□を感じている。

（　　　　　）

問二 ②に入る言葉として最もよいものを次から選んで、記号を書きなさい。

ア　信号が赤に変わる

イ　信号が青に変わる

ウ　夕日がしずんでいく

エ　通りが暗くなっていく

□

ヒント 「足をふみ出そうとした」理由を考えよう。

問三 ――線③「サッシーは声をはずませた」とありますが、このときのサッシーの気持ちとして、最もよいものを次から選んで、記号を書きなさい。

がくれて、気温はいっきに下がったみたいだ。

②　。

「な、えんりょすんなって。行くぞ。」

「うん。」

足をふみ出そうとしたとき、後ろから声が聞こえてきた。

「タケちゃ〜ん。」

ふり返ると、さっきまでいっしょにいた男子だった。たしか、みんなからサッシーとよばれていた。走ってきたのか、息を切らしている。

「どうしたんだよ。」

「聞くの、わすれてたんだけど。」

③サッシーは声をはずませた。

「次の日曜日、野球のチケットが一枚《いちまい》あまってんだ。タケちゃん、いっしょに行かない？　タケちゃんの好きな＊タイガース戦だぜ。」

タケちゃんのほっぺたが、引きつるみたいにピクッと動いた。ゴクッとツバを飲みこんでいる。

うれしすぎて、固まっているのか？

ぼくがタケちゃんの反応《はんのう》を見守っていると、信号がまた赤になった。④タケちゃんはギューっと目を固くとじている。そして、開けると同時に言った。

ア　自分のさそいにタケちゃんがおこったらどうしようとどきどきしている。

イ　自分のさそいをタケちゃんは受けいれてくれるだろうかとはらはらしている。

ウ　自分のさそいにタケちゃんがどれほど喜《よろこ》ぶだろうかとわくわくしている。

エ　自分のさそいをタケちゃんはなぜ忘《わす》れているのだろうといらいらしている。

□

問四　――線④「タケちゃんはギューっと目を固くとじている」とありますが、このときのタケちゃんについての説明として、最もよいものを次から選んで、記号を書きなさい。

ア　自分の願望を何とかかなえようとしている。

イ　自分の行動を何とか正当化しようとしている。

ウ　自分の感情《かんじょう》を何とか受けいれようとしている。

エ　自分の欲望《よくぼう》を何とかおさえようとしている。

□

ヒント　タケちゃんの後の発言をふまえて考えよう。

「その日は、もとヤンと約束してんだ。」

え？

たしかに、やなぎ公園へと向かうとちゅう、タケちゃんはそんなことを言っていた。次の日曜日、商店街を案内するって。

だけど、ちゃんと約束したわけじゃない。ぼくは返事をしなかったし、ぼくとの約束なんて、他の日に変更《へんこう》したってかまわない。

⑤ぼくはタケちゃんの腕《うで》をとって、「いいから、いいから。ね、行きなよ。」と、ゆらした。でも、タケちゃんは首をふる。

「約束は約束だから。」

さっきから、約束にやたらとこだわっている。ぼくを家まで送るっていう、母さんとの約束もそうだ。

「悪いな。また今度さそってくれよ。」

サッシーは、ふ～んといった顔をする。

「じゃあ、ちがうヤツをさそうよ。」

そう言って、去ってしまった。

「せっかく、さそってもらってるのに。」

「いいんだよ。」

「でもさ、ぜったい、もったいないって。いまからでも追いかけなよ。ほら、早く。まだ間に合うって。」

問五 ――線⑤「ぼくはタケちゃんの腕《うで》をとって、『いいから、いいから。ね、行きなよ。』と、ゆらした」とありますが、ここにはもとヤンのどのような心情《しんじょう》が表れていますか。次のようにまとめたとき、□に入る言葉を、文章中から書きぬきなさい。

さそいを断《ことわ》るのは［　　　　　　］ので、自分のことは気にしないでほしいという心情《しんじょう》。

問六 ――線⑥「ぼくがグイッと背中《せなか》をおして」とありますが、ここにはもとヤンのどのような思いが表れていますか。「自分に遠慮《えんりょ》せず、さそいを受けるようにうながすとともに、……」に続くように書きなさい。

自分に遠慮《えんりょ》せず、さそいを受けるようにうながすとともに、

（　　　　　　　　　　）

ヒント もとヤンがタケちゃんに言ったことに着目しよう。

問七 ［⑦］に入る言葉を、文章中から二字で書きぬきなさい。 ［　　］

問八 タケちゃんの人物像《じんぶつぞう》として、最もよいものを次から選んで、記号を書きなさい。

⑥ぼくがグイッと背中《せなか》をおしても、タケちゃんは一ミリも動かない。

「オレは野球観戦なんかより、もとヤンにこの町を［⑦］するほうが、楽しいんだよ。」

信号が青に変わった。タケちゃんは足をふみ出すと、前を向いたまま、ぼくに言う。

「さっきは、『＊いっしょににげよう。』って言ってくれて、サンキューな。」

「タケ、ちゃん。」

ぼくとタケちゃんのきょりが、ほんの少しちぢまった気がした。

〈白矢三恵《しらやみえ》「うそつきタケちゃん」による〉

＊タイガース…プロ野球のチーム名。

＊いっしょににげよう…もとヤンは、タケちゃんの部屋の散らかりように、ドロボウが入ったのだとかんちがいし、タケちゃんに「いっしょににげよう。」と言った。

ア　少しがんこに思えるほど真面目《まじめ》で、どんなときでも約束をちゃんと守るような人物。

イ　ふだんはふざけてばかりいるが、実はやさしくて他人に気をつかえるような人物。

ウ　基本的《きほんてき》に真面目《まじめ》だが、野球に関わることだと急に我《われ》を忘《わす》れてしまうような人物。

エ　だれに対しても友好的で、仲間のまとめ役としてみんなから好かれているような人物。

［　］

問九　この文章においてもとヤンの心情《しんじょう》はどのように移《うつ》り変わっていますか。次のようにまとめたとき、［　］(1)・(2)に入る言葉を、(1)は後から選んで、記号を書きなさい。また、(2)は六字以上十字以内で書きなさい。

タケちゃんに遠慮《えんりょ》して、どこか［(1)］が、少しずつ心のきょりが［(2)］。

ア　なれなれしかった　　イ　とげとげしかった

ウ　よそよそしかった　　エ　そらぞらしかった

(1)［　］　(2)［　　　　　　6　　　　］

！ヒント　最後の文に着目して、タケちゃんへの思いを考えよう。

ハイレベル

答え 32ページ

1 昭和十八年、戦争が激化《げきか》する中、高等女学校三年（現在《げんざい》の中学三年）生の三芙美《みふみ》は、幸運にも色とりどりの布《ぬの》を入手しました。そこで自分と友人の則子《のりこ》、詠子《えいこ》、和美《かずみ》のブラウス*を仕立てることにし、それらのデザインを担当《たんとう》することになります。この文章を読んで、問題に答えなさい。

わたしは机《つくえ》の引出《ひきだ》しから①赤いノートを取り出した。山口洋《やまぐちよう》装店《そうてん》の奥《おく》さんから頂《いただ》いた一冊《いっさつ》、『スタイル専科《せんか》・スタイル帖《ちょう》』の中に、綴《と》じ込《こ》み付録として入っていた小さなノートだ。未使用のもので、少し古く黄ばんではいるけれど、紙質《かみしつ》は今のものよりずっと上等だった。

デザイン用の芯《しん》の軟《やわ》らかな鉛筆《えんぴつ》まで付いていた。なんだか、②何もかもが夢《ゆめ》のようだ。このノートも鉛筆《えんぴつ》も、美しい布《ぬの》たちも神さまからの*賜《たまわ》り物なのだろうか。明日になったら消えてしまうなんてこと、ないだろうか。あまりにも幸せなので、恐《こわ》い。蕩《とろ》けるほどの幸せは、ほんとうに蕩《とろ》けて消えてしまわないだろうか。

「きれいなノートやね」

③詠子《えいこ》が目を細める。

「それ、山口《やまぐち》の奥《おく》さんからの……」

問一 ――線①「赤いノート」とありますが、このノートがどのようなものなのかを次のようにまとめたとき、□に入る言葉を、「ブラウス」という言葉を使って書きなさい。

四人の□ノート。

（　　　　）

問二 ――線②「何もかもが夢《ゆめ》のようだ」とありますが、このときの三芙美《みふみ》の心情《しんじょう》はどのようなものでしたか。次のようにまとめたとき、□に入る言葉を、文章中から書きぬきなさい。

とても幸福なのだが、それだけにこれが本当に夢《ゆめ》のような気もして□とも思っている。

問三 ――線③「詠子《えいこ》が目を細める」とありますが、このときの詠子《えいこ》の様子として、最もよいものを次から選んで、記号を書きなさい。

学習した日　月　日

「うん」

以前奥《おく》さんから本を頂《いただ》いたこと、*かさね色目《いろめ》を教えてもらったことだけは三人に話してある。
④「これ、見てくれる」
ノートを差し出す。三つの顔が同時に、覗《のぞ》き込《こ》んできた。

「……これ、うちなん？」

則子《のりこ》が指先で最初のページを押《お》さえた。少し震《ふる》えている。

「うん。そうや」

則子《のりこ》。と書いたページに、わたしは蜜柑色《みかんいろ》のブラウスを着た則子《のりこ》を描《えが》いた。

白い小さな襟《えり》をつけ、袖《そで》は肩《かた》から続いたままの着物袖《そで》風にしてある。大きめの光沢《こうたく》のある飾《かざ》りボタンをつけてみた。

「どう？」

則子《のりこ》は返事をしなかった。わたしの方を見ようともしなかった。

少し慌《あわ》てる。

「あ、あのな、則子《のりこ》、これ、うちが勝手に考えてみただけやから。いろんなデザインが浮《う》かんだんやけど、うちらに縫《ぬ》えるものやないとあかんやろ。それで、こういうのにしたの。ボタンは手に入らんかもしれんけど、それやったら、胸《むね》にポケットつけてボタン無しでもええし……あの、則子《のりこ》の好きな

ア ノートの黄ばみにがっかりしている。
イ ノートの内容《ないよう》が気になっている。
ウ ノートの美しさに見とれている。
エ ノートの値段《ねだん》が気になっている。

□

問四 ――線④「これ、見てくれる」とありますが、則子《のりこ》にノートを見てもらったときの三芙美《みふみ》の心情《しんじょう》はどのように移《うつ》り変わっていますか。最もよいものを次から選んで、記号を書きなさい。

ア 則子《のりこ》の様子にがっかりしていたが、その真相を知って腹《はら》が立っている。
イ 則子《のりこ》の態度《たいど》に少し慌《あわ》てていたが、その真意が分かって安心している。
ウ 則子《のりこ》の様子に満足していたが、その原因《げんいん》が分かってショックを受けている。
エ 則子《のりこ》の態度《たいど》にいら立ちを感じたが、その理由を知って悲しくなっている。

□

ようでええんよ」

則子《のりこ》が俯《うつむ》く。

⑤ポタリ。ノートの上に雫《しずく》が落ちた。滴《したた》り落ちる。

「則子《のりこ》、あんた、泣いとるの？」

詠子《えいこ》が口を半開きにしたまま、則子《のりこ》の肩《かた》に触《ふ》れた。

「だって……うち、感動して……こんなブラウス着られるかと思うたら……なんかもう、泣けてきて……。うち、ほんま、［⑥］で」

則子《のりこ》が洟《はな》をすすりあげる。詠子《えいこ》が半開きの口を閉《と》じ、にっと笑った。わたしと和美《かずみ》は顔を見合わせ、小さく息を吐《は》き出す。

「つまり、嬉《うれ》し泣きやね」

「うん、嬉《うれ》し泣き」

「姫《ひめ》ぎみは嬉《うれ》しさのあまり、涙《なみだ》にくれておられますぞ。ってことで、三芙美《みふみ》、うちのブラウスはどんなの？　早《はよ》う、見せて」

「うん。詠子《えいこ》はね、あっさりした襟《えり》なしにしてみた。*襟《えり》ぐりをちょっと高目にして後ろでスナップで留《と》めるの。*袖付《そでつけ》には深く*タックをとってみたから、ちょっと角《かど》ばった感じになるんや。裾《すそ》を長めにして、*共布《ともぎれ》の*バンドで腰《こし》を絞《しぼ》ったらどうやろ」

問五　――線⑤「ポタリ。ノートの上に雫《しずく》が落ちた。滴《したた》り落ちる」とありますが、この部分はだれの、どのような様子を表していますか。

（　　　　）

問六　［⑥］に入る言葉を、この則子《のりこ》の発言部分より前の文章中から二字で書きぬきなさい。

問七　――線⑦「詠子《えいこ》の身体の線はとても潔《いさぎよ》い」とありますが、「詠子《えいこ》の身体」のどのようなところが潔《いさぎよ》さを感じさせるのですか。二十五字以内で書きなさい。

問八　――線⑧「そんなことない」とありますが、このとき詠子《えいこ》が三芙美《みふみ》に伝えたかったのはどのようなことですか。最もよいものを次から選んで、記号を書きなさい。

詠子《えいこ》。のページの説明をする。

手足の長い、美しい少年を*彷彿《ほうふつ》とさせる詠子《えいこ》には、余計《よけい》な飾《かざ》りはいらない。⑦詠子《えいこ》の身体の線はとても潔《いさぎよ》い。その潔《いさぎよ》さを妨《さまた》げない、いや、生かせるデザインにしたかった。

「ほんとはワンピースにしたかったけど、ちょっと布《ぬの》が足りへんの。残念やけどね」

⑧「そんなことない」

詠子《えいこ》が*かぶりを振《ふ》った。この非常時《ひじょうじ》に*電髪《でんぱつ》かと大日本婦人《ふじん》会のおばさんたちにしょっちゅう[⑨]をつけられる癖毛《くせげ》が、耳の上でウェーブを描《えが》いている。すっきりしたブラウスはこの曲線と対《つい》をなして、互《たが》いをさらに引き立てるだろう。

「いいね」

詠子《えいこ》が敬礼《けいれい》をする。

〈あさのあつこ「花や咲《さ》く咲《さ》く」による〉

*ブラウス…上半身に着る薄手《うすで》の服。　*賜《たまわ》り物…いただき物。
*かさね色目《いろめ》…重ねて着る色の配色。　*スナップ…服を留《と》める金具。
*襟《えり》ぐり…洋服の首まわりの線の形。
*袖付《そでつけ》…衣服の袖《そで》部分と胴体《どうたい》部分がつながる部分。
*タック…布《ぬの》を折ったりつまんだりして作る細長い折り目。
*共布《ともぎれ》…服と同じ質《しつ》や柄《がら》の布《ぬの》。　*バンド…ベルト。
*彷彿《ほうふつ》とさせる…イメージさせる。
*かぶり…頭。　*電髪《でんぱつ》…パーマをかけた髪《かみ》。

ア　ワンピースでなくても満足だということ。
イ　ワンピースでないのはしかたないということ。
ウ　ワンピースには別に興味《きょうみ》がないということ。
エ　ワンピースも作れなくはないということ。

□

問九　[⑨]に入る言葉を、体の一部を表す漢字一字で書きなさい。

□

問十　詠子《えいこ》の人物像《じんぶつぞう》として、最もよいものを次から選んで、記号を書きなさい。

ア　おどけてみんなを楽しませることのできるようなリーダーシップのある人物。
イ　他人をからかって場を盛《も》り上げようとするような意地悪なところがある人物。
ウ　ふざけた言動は決して許《ゆる》さないような厳《きび》しいところがある人物。
エ　ユーモアで場をなごませることのできるような思いやりのある人物。

□

17 説明文

標準レベル

確かめよう

答え 33ページ

学習した日　月　日

1 次の文章を読んで、問題に答えなさい。

[1] 会社とは、もうけることを目的とし、会社法という法律《ほうりつ》にもとづいて設立《せつりつ》された＊企業《きぎょう》のことです。その代表が株式《かぶしき》会社です。

[2] 経済《けいざい》が発展《はってん》すると、いろいろな＊事業をする企業《きぎょう》ができました。[①]、海外貿易《ぼうえき》のような大きな事業は、大きな企業《きぎょう》をつくらないとできません。遠い外国まで人や荷物を運べる大型《おおがた》の船をつくり、乗組員を雇《やと》うには、たくさんのお金（資《し》本金《ほんきん》）が必要です。

[3] 巨額《きょがく》のお金を集めるために、資本金《しほんきん》を小額《しょうがく》の株式《かぶしき》に細かく分けて、たくさんの人に買ってもらいました。こうしてできた会社を株式《かぶしき》会社といいます。世界ではじめての株式《かぶしき》会社は、「オランダ東インド会社」（一六〇二年）でした。オランダがインドや東南アジアの国々との[②]でおおもうけするための会社でした。

問一 [①]に入る言葉として最もよいものを次から選んで、記号を書きなさい。

ア あるいは
イ ところで
ウ たとえば
エ なぜなら

問二 [②]に入る言葉を、文章中から二字で書きぬきなさい。

問三 [4]の段落《だんらく》は、どのような働きをしていますか。最もよいものを次から選んで、記号を書きなさい。

ア 株式《かぶしき》会社が歴史《れきし》の中でどのようにして誕生《たんじょう》したのかを説明している。
イ 株式《かぶしき》会社が社会の中でどのような役割《やくわり》を果たしているのかを説明している。
ウ 株式《かぶしき》会社が社会の中でどのようにして衰退《すいたい》していったのかを説明している。

4 その後、株式《かぶしき》会社は世界各国に広がっていきました。日本最初の株式《かぶしき》会社は、海外貿易《ぼうえき》をする船会社の日本郵船株式《ゆうせんかぶしき》会社（一八九三年・明治二六年創業《そうぎょう》）でした。その後、株式《かぶしき》会社は貿易《ぼうえき》の分野だけでなく、経済《けいざい》全体へと広がっていきました。

5 経済《けいざい》が発展《はってん》し事業の規模《きぼ》が大きくなった現代《げんだい》では、③世界各国の大企業《だいきぎょう》のほとんどが、株式《かぶしき》会社として事業を営《いとな》んでいます。

6 株式《かぶしき》会社では、株式《かぶしき》を買って資本金《しほんきん》を出した人が「株《かぶ》主《ぬし》」になります。株主《かぶぬし》は、出した資本金《しほんきん》の金額《きんがく》に応《おう》じて、会社のもうけのなかから「配当金」という分けまえを受け取ります。株主《かぶぬし》は資本金《しほんきん》を出していますが、会社を経営《けいえい》する能力《のうりょく》のある人とは限《かぎ》りません。会社の事業は、専門的《せんもんてき》な経営知識《けいえいちしき》をもつ経営者《けいえいしゃ》が担当《たんとう》します。このように、④株式《かぶしき》会社は、資本《しほん》金《きん》を出した株主《かぶぬし》と、会社を経営《けいえい》する経営者《けいえいしゃ》とに分かれています。

7 株主《かぶぬし》は、持っている会社の株式《かぶしき》を売ったり、ほかの会社の株《かぶ》を買ったりできます。買う人が多くて売る人が少ない株《かぶ》式《しき》のねだん（株価《かぶか》）は高くなります。その逆《ぎゃく》だと株価《かぶか》は安くなります。株式《かぶしき》会社の経営状態《けいえいじょうたい》は、株価《かぶか》に映《うつ》し出されます。株価《かぶか》の高い会社は、経営《けいえい》が良好な会社と見なされます。

エ　株式《かぶしき》会社が歴史《れきし》の中でどのように変化していったのかを説明している。　□

ヒント 二文の「その後、……」の内容《ないよう》を読み取って考えよう。

問四 ——線③「世界各国の大企業《だいきぎょう》のほとんどが、株式《かぶしき》会社として事業を営《いとな》んでいます」とありますが、それはなぜですか。次のようにまとめたとき、□に入る言葉を「必要」という言葉を使って書きなさい。

事業の規模《きぼ》が大きくなると、より□。

（　　　　　　）

ヒント 「規模《きぼ》が大きくな」ると「必要」なものを考えよう。

問五 ——線④「株式《かぶしき》会社は、資本金《しほんきん》を出した株主《かぶぬし》と、会社を経営《けいえい》する経営者《けいえいしゃ》とに分かれています」とありますが、それはなぜですか。次のようにまとめたとき、□に入る言葉を、文章中から書きぬきなさい。

会社を経営《けいえい》していくためには、
□□□□□□□□が必要なので、それをもつ人間が経営《けいえい》を担当《たんとう》しなければならないから。

8 株式《かぶしき》会社をつくるとき、株主《かぶぬし》がその資本金《しほんきん》を出しています。そのため会社法では、会社は株主《かぶぬし》のものとされています。株主《かぶぬし》は株主総会《かぶぬしそうかい》を開き、会社の事業のあり方や経営者《けいえいしゃ》（取締役《とりしまりやく》）を決めます。株主総会《かぶぬしそうかい》は、多数決ではなく、たくさんの資本金《しほんきん》を出した少数の大株主《おおかぶぬし》が支配《しはい》し、⑤物事を決めていきます。

9 ⑥「会社は株主《かぶぬし》のもの」ですが、「会社はだれのためにあるのか？」といえば、それは株主《かぶぬし》のためではありません。消費者《しょうひしゃ》のためです。会社の商品は、多くの労働者がはたらいてつくり、いろいろな人たちがお客（消費者《しょうひしゃ》）として商品を買ってくれるから、会社は事業をつづけられます。株式《かぶしき》会社は、株主《かぶぬし》が資本金《しほんきん》を出し、経営者《けいえいしゃ》が事業を管理し、労働者が商品をつくり、消費者《しょうひしゃ》が商品を買うことで成り立っています。

10 このように、株式《かぶしき》会社は国内外のおおぜいの関係者に支《ささ》えられています。株主《かぶぬし》や経営者《けいえいしゃ》が自分のもうけだけを大切にする会社は、社会にとって望ましい会社ではなく、やがて姿《すがた》を消していくことになるでしょう。

11 「上場《じょうじょう》会社」とは、株式《かぶしき》をたくさんの人たちに売買してもらうために、証券取引所《しょうけんとりひきじょ》に登録した株式《かぶしき》会社のことです。登録するには、会社の規模《きぼ》・株主《かぶぬし》数・事業年数などの審査《しんさ》に合格《ごうかく》しなければなりません。

問六 ――線⑤「物事を決めていきます」とありますが、株《かぶ》主総会《ぬしそうかい》ではどのようなことが決められますか。最もよいものを次から選んで、記号を書きなさい。

ア 経営《けいえい》のあり方や大株主《おおかぶぬし》の人選。
イ 事業の方針《ほうしん》や経営者《けいえいしゃ》の人選。
ウ 経営状態《けいえいじょうたい》の確認《かくにん》や株価《かぶか》の設定《せってい》。
エ 株価《かぶか》の判定《はんてい》や商品の設定《せってい》。

問七 ――線⑥「会社は株主《かぶぬし》のもの」とありますが、その理由が分かる部分を文章中から一文で探《さが》し、初めの五字を書きぬきなさい。

ヒント 直前の段落《だんらく》に、同じ言葉があることに着目しよう。

問八 ――線⑦「日本の株式《かぶしき》会社は二一四万社（二〇一九年）あります。」という一文はどのような働きをしていますか。最もよいものを次から選んで、記号を書きなさい。

ア 一部上場《じょうじょう》会社がいかに少ないかということを分かりやすくする働き。
イ 一部上場《じょうじょう》会社が実は意外に多いということを分かりやすくする働き。
ウ 一部上場《じょうじょう》会社がいかに株価《かぶか》が高いかということを分かりやすくする働き。

⑦

12 日本の株式《かぶしき》会社は二一四万社（二〇一九年）あります。一部上場《じょうじょう》会社とは、東京証券取引所《しょうけんとりひきじょ》の「一部」の審査《しんさ》に合格《ごうかく》した株式《かぶしき》会社のことで、わずか二一五一社です。一部上場《じょうじょう》会社は、会社の規模《きぼ》も大きく、たくさんの株主《かぶぬし》がいて、事業年数も長い大企業《だいきぎょう》です。一部のほかに、「東証《とうしょう》二部」「東証《とうしょう》マザーズ」などの上場企業《じょうじょうきぎょう》があります。

13 上場《じょうじょう》会社になると、会社の株式《かぶしき》が国内外のたくさんの人たちによって売買され、会社にとっても、株式《かぶしき》を発行しやすくなり、国内外からたくさんの資本金《しほんきん》を集めることができます。会社の事業内容《ないよう》や経営情報《けいえいじょうほう》も、ひろく社会に知らせることができます。それだけ、事業も利益《りえき》も大きくなりますが、会社の社会的責任《せきにん》も重くなります。

〈山田博文《やまだひろふみ》「会社のなりたちとはたらくルール」による〉

＊企業《きぎょう》…もうけることを目的につくられる組織《そしき》。

＊事業…仕事。活動。

エ　一部上場《じょうじょう》会社が実は増《ふ》えているということを分かりやすくする働き。

[　　]

！ヒント 直後の文に「わずか二一五一社」とあることに着目。

問九 13の段落《だんらく》の要点を次のようにまとめたとき、[　　]に入る言葉を書きなさい。

上場《じょうじょう》会社になると[　　]ものの、会社の社会的責任《せきにん》も重くなるのである。

（　　　　　　）

問十 この文章における筆者の「考察」として、最もよいものを次から選んで、記号を書きなさい。

ア　株式《かぶしき》会社は、株式《かぶしき》のねだん（株価《かぶか》）が高いとその経営《けいえい》が良好だと見なされる。

イ　株式《かぶしき》会社は、労働者や消費者《しょうひしゃ》をふくめて国内外のおおぜいの関係者によって支《ささ》えられている。

ウ　株主総会《かぶぬしそうかい》は、多数決ではなく、たくさんの資本金《しほんきん》を出した大株主《おおかぶぬし》によって支配《しはい》されている。

エ　株主《かぶぬし》や経営者《けいえいしゃ》が自分たちのもうけばかりを重視《じゅうし》する会社は、いずれ姿《すがた》を消すことになる。

[　　]

ハイレベル

答え 34ページ

学習した日　月　日

1 次の文章を読んで、問題に答えなさい。

[1] ＊『ゴジラ』の制作《せいさく》には、思いもつかない苦労がつねにつきまとった。それは利光貞三《としみつていぞう》の造形《ぞうけい》だけではない。

[2] ＊円谷《つぶらや》は、コマ撮《ど》りで撮影《さつえい》された＊『キングコング』に強い影響《えいきょう》を受けていた。「コマ撮《ど》り」というのは「ストップモーションアニメ」とも呼《よ》ばれ、人形などを一コマずつ動かしながら撮《と》っていく動画の技法《ぎほう》だ。いつかあんな映画《えいが》を自分でも撮《と》りたいと思っていた円谷《つぶらや》は、『ゴジラ』も人形によるコマ撮《ど》りにこだわっていた。

[3] 「[①]と同じように、コマ撮《ど》りでいきたいなあ。」

[4] 円谷《つぶらや》は、昔見た『キングコング』がどうしても頭からはなれない。けれど、コマ撮《ど》りでは大変な時間がかかる。時間的に制約《せいやく》のある現状《げんじょう》では②とうてい無理な願いだった。それは円谷《つぶらや》にもよくわかっていた。のちにゴジラのスーツアクター（着ぐるみを着て演技《えんぎ》をする俳優《はいゆう》）となる中島春雄《なかじまはるお》に、「キングコングと同じコマ撮《ど》りを、われわれがやったら7年かかる。」と語っている。

[5] それに時間的なことだけでなく、技術的《ぎじゅってき》にもまだアメリカに遠く及《およ》ばない。

問一 [①]に入る言葉を、文章中から八字で書きぬきなさい。

問二 ――線②「とうてい無理な願い」について、次の問題に答えなさい。

(1) 円谷《つぶらや》の「願い」は、何をすることですか。「ゴジラ」という言葉を使って書きなさい。

(　　　)

(2) なぜ「とうてい無理な願い」なのですか。最もよいものを次から選んで、記号を書きなさい。

ア 技術《ぎじゅつ》が足りないうえ、予算的にも実現《じつげん》させるのは難《むずか》しかったから。

イ 時間が足りないうえ、技術的《ぎじゅってき》にも実現《じつげん》させるのは難《むずか》しかったから。

ウ 人員が足りないうえ、時間的にも実現《じつげん》させるのは難《むずか》しかったから。

6「コマ撮《ど》りがどうしてもだめなら、マリオネット（糸であやつる人形）ではどうだろうか。」

7 円谷《つぶらや》はあきらめきれずにいたが、もう時間はない。安っぽくなるのではという心配はあったが、やはりゴジラは着ぐるみ（歌舞伎《かぶき》や映画《えいが》界では「ぬいぐるみ」と呼《よ》ばれる）でいくしかなかった。

8 ③、この着ぐるみによる演技《えんぎ》こそ、欧米《おうべい》の映画《えいが》にはない円谷特撮《つぶらやとくさつ》の独創的《どくそうてき》な手法となった。

9『ゴジラ』と前後して日本でも公開されたアメリカ映画《えいが》『原子怪獣現《かいじゅうあらわ》る』は、ストップモーションアニメ、つまり、コマ撮《ど》りで撮影《さつえい》された映画《えいが》である。この手法では、たしかにチョロチョロと動きまわる動物の感じはよく表現《ひょうげん》できる。しかし、破壊《はかい》シーンに迫力《はくりょく》が出ない。

10 核《かく》兵器の恐怖《きょうふ》を描《えが》くのに、リアルな動物らしさはいらない。それよりも、ゴジラは「恐《おそ》ろしい存在《そんざい》」でなくてはならない。重厚《じゅうこう》な着ぐるみのゴジラは、ハイスピード撮影《さつえい》（スローモーション）の効果《こうか》をともなって、スクリーンに圧倒的《あっとうてき》な迫力《はくりょく》と威圧《いあつ》感をもたらすことになった。

エ 演技力《えんぎりょく》が足りないうえ、技術的《ぎじゅってき》にも実現《じつげん》させるのは難《むずか》しかったから。

[ ]

問三 ③に入る言葉として最もよいものを次から選んで、記号を書きなさい。

ア しかし

イ つまり

ウ なぜなら

エ あるいは

[ ]

問四 9の段落《だんらく》の要点を次のようにまとめたとき、□に入る言葉を、文章中から書きぬきなさい。

ストップモーションアニメは、動きまわる動物の感じがよく表現《ひょうげん》できるという長所はあるものの、

[ ]

という短所がある。

11 さっそく着ぐるみの制作《せいさく》に取りかかる造形《ぞうけい》のスタッフ。それに利光《としみつ》をはじめ、八木康栄《やぎやすえい》・八木勘寿《やぎかんじゅ》兄弟、開米栄三《かいまいえいぞう》、それにアルバイトの鈴木儀雄《すずきよしお》が試行錯誤《しこうさくご》をくり返して、制作《せいさく》に当たった。

12 ゴジラの表皮は、粘土原型《ねんどげんけい》からとった石こうの型《かた》の内側に生ゴムをぬり、特注のかまどの電熱で焼き上げた。すると、ワニ肌《はだ》の質感《しつかん》がうまく出た。一方、竹で補強《ほきょう》した太い針金《はりがね》の枠《わく》に金網《かなあみ》をかけ、紙や布《ぬの》をはって「張《は》り子」のような型《かた》を作り、生ゴムの表皮をはりつけた。内側には綿《わた》をつめた布袋《ぬのぶくろ》をぬいつけたという。ここは、元菊《きく》人形職人《しょくにん》の開米《かいまい》、八木《やぎ》兄弟の腕《うで》の見せ所だった。

13 「おっ、なかなかいいじゃないか。」

14 スタッフのひとりが中に入ってみた。ところがほとんど動くことができない。

15 「だめだよこりゃあ。かたすぎて、とても動けたものじゃない。」

16 中から出てきたスタッフが、息をはずませている。150キロをゆうに超《こ》える重さだ。無理もない。こうして1ヵ月をかけて作ったゴジラ第1号は、あえなく*NGとなった。

17 それから半月の間、造形《ぞうけい》のスタッフたちは第2号の制作《せいさく》に*没頭《ぼっとう》した。この間、開米《かいまい》は一度も家に帰らなかったという。

問五 12の段落《だんらく》は、何を説明していますか。最もよいものを次から選んで、記号を書きなさい。

ア ゴジラの着ぐるみがどのように改良されていったのかを説明している。

イ ゴジラの着ぐるみがどのような問題をかかえていたのかを説明している。

ウ ゴジラの着ぐるみがどのような独創性《どくそうせい》をもっていたのかを説明している。

エ ゴジラの着ぐるみがどのように制作《せいさく》されていったのかを説明している。

□

問六 ――線④「改良したゴジラの着ぐるみ」は、第1号に対してどのように改良されていましたか。「第1号と比《くら》べると、……」に続くように書きなさい。

第1号と比《くら》べると、

問七 ――線⑤「開米《かいまい》や利光《としみつ》たちは正直いって不安だった」とありますが、かれらはどのようなことが「不安だった」のですか。「ゴジラ」という言葉を使って書きなさい。

（　　　　）

18 ようやく④改良したゴジラの着ぐるみが完成した。第1号の失敗を生かし、まだ試作段階《だんかい》だったプラスチックを使ってみたのだ。

19 こうしてできあがった第2号だったが、それでもまだ柔《やわ》らかさが足りず、動きにくさは残った。当時は、のちに登場するラテックスという柔《やわ》らかい素材《そざい》がなかったのだ。重さもまだ100キロ近くはある。時代劇《じだいげき》で身につける、よろいとかぶとでも20キロほどだから、いかに重かったかわかる。

20 「この中に人間が入って、本当に動かせるんだろうか。」

21 改良したとはいえ、⑤開米《かいまい》や利光《としみつ》たちは正直いって不安だった。

〈山口理《やまぐちさとし》「ゴジラ誕生《たんじょう》物語」による〉

*『ゴジラ』・『キングコング』…どちらもその名前の怪獣《かいじゅう》が出てくる映画《えいが》。

*円谷《つぶらや》…円谷英二《つぶらやえいじ》。『ゴジラ』（一九五四年）で特撮《とくさつ》（特殊撮影《とくしゅさつえい》・特別な方法で現実《げんじつ》では再現《さいげん》できない映像《えいぞう》を撮影《さつえい》すること）部分を担当《たんとう》した。

*NG…だめになる、むだになること。

*没頭《ぼっとう》…一つのことに熱中すること。

問八 次の問題に答えなさい。

(1) この文章を大きく二つに分けるとすると、二つ目のまとまりは、どこから始まりますか。段落《だんらく》の番号を書きなさい。

(2) この文章を大きく二つに分けた場合の一つ目のまとまりで筆者が言いたかったこととして、最もよいものを次から選んで、記号を書きなさい。

ア ゴジラは、リアルな動物らしさではなく恐《おそ》ろしさを重視《じゅうし》したため、着ぐるみで撮影《さつえい》することになった。

イ ゴジラは、マリオネットで撮影《さつえい》することで、今までにないリアルな動物らしさを表現《ひょうげん》することができた。

ウ ゴジラは、着ぐるみを使って撮影《さつえい》することで、結果的に圧倒的《あっとうてき》な迫力《はくりょく》と威圧感《いあつかん》をもつことになった。

エ ゴジラは、コマ撮《ど》りでは撮影《さつえい》できなかったため、結果的にマリオネットで撮影《さつえい》することになった。

チャレンジテスト

8章 長文を読みきわめる（物語文）

時間 30分　得点　　点　答え 35ページ

学習した日　　月　　日

1 「わたし（七海《ななみ》）」は、側転ができるようになるために結《ゆ》衣《い》ちゃんの特訓を受けています。この文章を読んで、問題に答えなさい。

体が覚えているうちにやりたい。

いやいや練習を始めた昨日の自分は、どこかに消えていた。

学校の帰りに、

「ねえ、もう復活《ふっかつ》したよ。特訓、今日でもいい？」

と聞くと、そうじ当番の結衣《ゆい》ちゃんは、

「いいよ。今日は側転いくからね。」

と、ほうきを高く振《ふ》り上げて、ニカッと笑った。

放課後の公園は、昨日よりも早いせいか、遊んでいる子がたくさんいる。

昨日と同じ場所でストレッチをして、準備《じゅんび》を始めた。

結衣《ゆい》ちゃんの前に立って目を閉《と》じ、壁倒立《かべとうりつ》をイメージする。

最初のうちは、イメージ通りに足が上がらなかった。

でも、①何度目かで体が急に軽くなったように足がすっと伸《の》び、一人でもできる気がした。

「結衣《ゆい》ちゃん、今度は一人でやってみる。」

問一　昨日の「特訓」の成果はどのようなものであったと思われますか。最もよいものを次から選んで、記号を書きなさい。〈10点〉

ア　側転をできるようになるために倒立《とうりつ》の練習をしているが、まだ倒立《とうりつ》で苦戦している。

イ　側転をできるようになるための倒立《とうりつ》の練習をしていて、倒立《とうりつ》はできるようになりつつある。

ウ　倒立《とうりつ》はほぼ完璧《かんぺき》にできるようになっていて、もう少しで側転もできるようになりつつある。

エ　倒立《とうりつ》はほとんど完璧《かんぺき》で、側転も一応《いちおう》はできるようになって完成に近づきつつある。

問二　――線①「何度目かで体が急に軽くなったように足がすっと伸《の》び、一人でもできる気がした」とありますが、これは七海《ななみ》のどのような様子を表していますか。「こつ」という言葉を使って書きなさい。〈10点〉

意識《いしき》を集中させ大きく息を吸《す》い、手をついた。

両足が壁《かべ》について静止、一呼吸《こきゅう》置いてゆっくり足を下ろす。

そのあとも何回か倒立《とうりつ》をくり返し、だんだんにこつがつかめてきた。

「やったね！　ほぼ完璧《かんぺき》かな。次、側転いくから、いまの忘《わす》れないでね。」

場所を移《うつ》して、昨日のように地面の小石を拾う。

結衣《ゆい》ちゃんが連続で側転を四回した。

公園で遊んでいた二年生くらいの男の子たちが、おどろきの顔を見せ、続いて②拍手《はくしゅ》と歓声《かんせい》がわいた。

きれいだ。昨日、自分はとうてい無理だと思って見ていたけど、いまは、がんばればできるような気がする。

昨日は結衣《ゆい》ちゃんの足にしか目がいかなかったけど、手をつく前の姿勢《しせい》に気付いた。まっすぐ前を見て、手をつく直前に体をひねっている。

「最初から、さっきの倒立《とうりつ》をしようと思わなくてもいいよ。まずはまっすぐ前を見て、手をつくときは、手と手の間を見るんだよ。」

［③］、とばかり勢《いきお》いをつけて手をついたけど、手にばかり意識《いしき》が集中して、足が上がらない。

問三　——線②「拍手《はくしゅ》と歓声《かんせい》がわいた」とありますが、それはなぜですか。「きれい」という言葉を使って書きなさい。（10点）

（　　　　）

問四　［③］に入る言葉として最もよいものを次から選んで、記号を書きなさい。（10点）

ア　えいっ
イ　うわっ
ウ　じろっ
エ　ふにゃ

［　　］

さっきの男の子たちが大声で笑うのをにらみつけて、またチャレンジ。

何回もやっているうちに、体の力がだんだんにぬけていく。

これって、昨日と同じ感覚だ。

「じゃあ、今度はこのゴムを越《こ》えるように手をついてね。昨日の壁倒立《かべとうりつ》も思い出して、それに近づけて。」

木にゴムを結んで、片方《かたほう》を結衣《ゆい》ちゃんが持つ。

胸《むね》の位置にあるゴム。これを越《こ》えるためには、手をつくときに体が丸くなっちゃだめっていうことかな。

ゴムを越《こ》えるように、体を前傾姿勢《ぜんけいしせい》にして手をついていく。

「ひじが曲がっているよ。もっと足で強く地面をけって。」

「肩《かた》に力を入れて、手をつくときは肩幅《かたはば》でつくんだよ。」

「目線は前じゃなくて、自分の手だからね。」

手をついては回り、着地しては、またゴムを越《こ》えて手をつく。

ふと周りを見ると、さっき笑っていた男の子たちも、真剣《しんけん》な顔でまねをしている。

昨日までのわたしみたいに、足を曲げたカエルのようなポーズ。

それを見たら、なんとなく自分の悪い部分に気が付く。

目を閉《と》じて、「手をついて、ふわっと体を上げて、ゆっく

問五 ——線④「イメージに近い回り方」とは、どのようなものですか。文章中から二十三字で探《さが》して、初めと終わりの三字を書きぬきなさい。 完答〔10点〕

初め □□□ 終わり □□□

問六 ——線⑤「ふと手の平に痛《いた》みを感じ、見ると小石が一つうまっていた」とありますが、ここから読み取れることとして、最もよいものを次から選んで、記号を書きなさい。 〔10点〕

ア 七海《ななみ》が特訓をとてもいやがっていたということ。
イ 七海《ななみ》が特訓にとてもつかれていたということ。
ウ 七海《ななみ》が特訓をとても楽しんでいたということ。
エ 七海《ななみ》が特訓にとても集中していたということ。

□

問七 ——線⑥「自分のものになる」とは、どういうことですか。最もよいものを次から選んで、記号を書きなさい。 〔10点〕

ア 他人に教えられるようになるということ。
イ みんなに自慢《じまん》できるようになるということ。
ウ 完璧《かんぺき》にできるようになるということ。
エ 自分に自信がもてるようになるということ。

□

り下りる。」というイメージトレーニングをする。

そのあと、体がかたくならないこと、ゆっくり回ること、足先を伸《の》ばすことを頭に浮《う》かべ、何度もゴムを越《こ》えた。自分でも④イメージに近い回り方ができていると思う。

⑤ふと手の平に痛《いた》みを感じ、見ると小石が一つうまっていた。

「じゃあ、ラストね。」

結衣《ゆい》ちゃんのかけ声で目をつむり、深く息を吸《す》って意識《いしき》を集中させる。

（行けっ！）心の中の自分が背中《せなか》を押《お》す。

まっすぐに上げた手を下ろし、地面についた。足を上に伸《の》ばし、意識《いしき》してゆっくり回る。

トンと地面に足をついたところで、帰宅《きたく》の音楽が鳴り出した。

「もうできてるね。あとはお尻《しり》を下げないようにして、足に注意を向けること。回数を重ねれば、⑥自分のものになるよ。」

結衣《ゆい》ちゃんがゴムを片付《かたづ》け、ニッと笑い、高く手を上げた。

その手の平を、思い切り強くタッチ。

〈今井福子《いまいふくこ》「友だちをやめた二人」による〉

問八 結衣《ゆい》ちゃんの人物像《じんぶつぞう》として、最もよいものを次から選んで、記号を書きなさい。（10点）

ア 真面目《まじめ》な、友だち思いのやさしい性格《せいかく》で、おせっかいな一面をもつ人物。

イ デリケートな、考えすぎてしまう性格《せいかく》で、ダンスが好きな一面をもつ人物。

ウ 運動が得意《とくい》な、明るく活発な性格《せいかく》で、面倒見《めんどうみ》が良い一面をもつ人物。

エ 体を動かすのが好きな、活発な性格《せいかく》で、指導《しどう》が苦手な一面をもつ人物。

□

問九 この文章において七海《ななみ》の心情《しんじょう》はどのように移《うつ》り変わっていますか。次のようにまとめたとき、□に入る言葉を、文章中から書きぬきなさい。一つ10（20点）

特訓を始めたときは、□□□□だったが、特訓を続けるうちに□□□□□□□□かもしれないとやる気になり、本当にできるようになって喜《よろこ》んでいる。

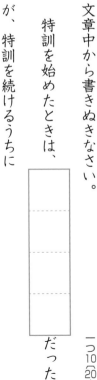

チャレンジテスト

8章 長文を読みきわめる（説明文）

時間 30分　得点 点　答え 36ページ

学習した日 月 日

1 次の文章を読んで、問題に答えなさい。

1 ときには、自分の心覚えのための文章を書くこともないではないが、まず、それは例外と考えていい。自分のために書く場合でも、書くときの自分と、読むときの自分とは、ひとりであって、ひとりではない。ある人は、これを〝自分と自分の文通〟だと呼《よ》んでいる。

2 日記はその〝自分と自分の文通〟の代表だろう。人に見せるものではないから、どんなに書いてもかまわない、とはいかない。へたをするとあとで読むことがあってもわからなくなってしまう。わからなくなってしまっては日記をつける意味もない。やはり、読む人間（つまり、[①]）のことを考えて書く。

3 普通《ふつう》の文章はかならず読んでもらう相手がある。だれだれと、はっきりしていることもあるし、ぼんやりしていることもあるが、とにかく、読んでくれる相手のない文章はない。

4 いちばんはっきりした相手のあるのが、手紙やはがきの文章。これはその人と話をするのに似《に》ている。勝手なことを言っては相手がびっくりする。読んでもらう人がはっきりしているから、手紙は書きやすいとも言えるが、逆《ぎゃく》に、書きに

問一 [①] に入る言葉を、文章中から書きぬきなさい。〈10点〉

（　　　　）

問二 4～6の段落《だんらく》は、どのような働きをしていますか。最もよいものを次から選んで、記号を書きなさい。〈10点〉

ア 三つの段落《だんらく》を通して、他人に読んでもらう文章にはどのようなものがあるのかを説明している。

イ 4と5の段落《だんらく》で文章の種類を紹介《しょうかい》し、6の段落《だんらく》で文章の書き方について説明している。

ウ 4の段落《だんらく》で文章の理想を説明し、5と6の段落《だんらく》でその文章の具体的な例を紹介《しょうかい》している。

エ 三つの段落《だんらく》を通して、文章とはどのように書かれるべきものであるのかを説明している。

[　　]

くいこともある。

5 仕事で*上役《うわやく》に提出《ていしゅつ》する書類なども、相手が明確《めいかく》な場合である。読む上役の顔がちらちらするとペンがすくんでしまう。のびのびと書けないと言う人がすくなくない。

6 相手が②はっきりしていないのは、新聞や雑誌《ざっし》などの原稿《げんこう》である。印刷物になる文章は、どこでだれが読むかわからない。うっかりしたことは書けないというので緊張《きんちょう》すると、思うことの半分も表現《ひょうげん》できなくなってしまう。

7 とにかく、他人に読んでもらうのが文章である。すべてそれを前提《ぜんてい》にして考えていきたい。

8 相手あっての文章という考えに立つと、文章は料理のようなものだということがわかってくる。

9 料理は作った人も食べる。味見や毒味《どくみ》もする。［③］、④料理は食べてくれる人がなくては張《は》り合いがない。

10 料理の先生が、独《ひと》り暮《ぐら》しの自分のマンションではインスタント・ラーメンを食べているという話がある。教わりたい人がいるから、先生にもなる。うまいと感心してくれる人がいるからこそ、腕《うで》を振《ふ》るって面倒《めんどう》な料理もこしらえる。自分ひとりだけ食べるのでは、とてもそんな手をかける気がしないというのであろう。

問三 ——線②「はっきりしていない」とありますが、これと同じ意味の言葉を、文章中から八字で書きぬきなさい。〈10点〉

問四 ［③］に入る言葉として最もよいものを次から選んで、記号を書きなさい。〈10点〉

ア つまり
イ しかし
ウ または
エ しかも

問五 ——線④「料理は食べてくれる人がなくては張《は》り合いがない」とありますが、筆者はこの考えに対する一つの具体例を示《しめ》しています。それを文章中から一文で探《さが》し、初めの五字を書きぬきなさい。〈10点〉

11 文章は料理、とすると、まず、食べられなくてはいけない。

12 何を言っているのか、わからないのでは料理ではない。スープなのか、みそ汁《しる》なのかわからないのでは食べる方は迷惑《めいわく》である。

13 このごろ、誤字《ごじ》、脱字《だつじ》、当て字*が多くなったと言われる。ご飯の中に石が入っているようなもので、石が歯にカチッと当たるのはたいへん気になる。そういう⑤混《ま》ざりものをなくさないと、せっかくの料理が台なしになってしまう。

14 文章が料理だとすると、ある程度《ていど》、栄養があり、ハラもふくれないといけない。見てくれだけの料理というのもあるが、本当に相手のことを考えていない。

15 文章で言うと、しっかりした内容《ないよう》があることであろう。いくら表現《ひょうげん》にこってみても、中身がなくては困《こま》る。何を言っているのかが、読む側にはっきり伝わり、なるほどと納得《なっとく》するのがいい文章となる。

16 料理で、いちばん大切なのは、おいしい、ということである。いくら栄養があっても、うまくなくては［⑥］。つい食べ過《す》ぎてしまうようなものが、上手な料理というものである。もうやめておきたいと思いながら、つい、もうすこし、もうすこし、とあとを引くような⑦ご馳走《ちそう》を作るのが本当の

問六 ――線⑤「混《ま》ざりもの」、⑦「ご馳走《ちそう》」とありますが、これらは「文章」においては何に当たりますか。文章中から⑤は九字、⑦は二字で書きぬきなさい。 一つ10〔20点〕

⑤

⑦

問七 ［⑥］に入る言葉として最もよいものを次から選んで、記号を書きなさい。〔10点〕

ア 合格《ごうかく》
イ 進級
ウ 落第
エ 欠場

問八 ――線⑧「ごめん」とは、ここではどのような意味を表していますか。最もよいものを次から選んで、記号を書きなさい。〔10点〕

コックだ。

17 文章もその通り。

18 いくら、りっぱなことが書いてあっても、三行読んだら、あとは⑧ごめん、と読者が思うようなのではしかたがない。先、先が読みたくなって、気がついてみたらもう終《お》《わ》っていた。ああ、おもしろかった。こういう文章ならいくら読んでもいい。そういう気持《きもち》を与《あた》えたら名文と言ってよい。

19 いまの文章は、読者に対するそういうサービスの精神《せいしん》にすこし欠けているように思われる。自分の書きたいことを一方的にのべる。身勝手なのである。同じことなら、おもしろく読んでもらおうという親切心が足りない。

〈外山滋比古《とやましげひこ》「知的文章術《ぶんしょうじゅつ》」による〉

＊上役《うわやく》…上司。

＊当て字…漢字本来の意味と関係なく、音や訓を借りて書き表したもの。

ア 今まで、この文章を読んでいなかったことが申し訳《わけ》ない。

イ 今ごろになって、この文章を読んでいることが申し訳《わけ》ない。

ウ できることなら、まだこの文章は全て読んでしまいたくない。

エ できることなら、もうこの文章はあまり読み進めたくない。

□

問九 この文章で筆者が言いたかったのは、どのようなことですか。次のようにまとめたとき、□に入る言葉を三十字以内で書きなさい。〔10点〕

料理は栄養が大切であるように、文章も内容《ないよう》が大切だが、料理でいちばん大切なのが□ということ。

学習した日　月　日

時間 30分

得点　点

答え 37ページ

1

田中《たなか》さんの学級では、日本の食文化について話し合うことになりました。次は、そのときの【話し合いの一部】です。これを読んで、問題に答えなさい。

【話し合いの一部】

司会　今日は「日本で和食ばなれが起きているか」についてみなさんの考えを発表してもらいます。そこで、まずはこちらの【資料《しりょう》】を①見てください。これは、全校児童を対象《たいしょう》に行った「最もよく食べる主食は何ですか」というアンケートの結果です。

赤木《あかぎ》　このアンケートを確認《かくにん》する限《かぎ》り、やはり和食ばなれは起きているのではないかと思います。

司会　なぜそのように思うのですか。

赤木《あかぎ》　和食といえば、主食はお米だと思うのですが、そのお米が全体の四割《よんわり》もありません。和食ばなれが起きていると考えるのが自然だと思います。

川原《かわはら》　ですが、アンケートを見ると、主食として最も食べられているのはお米で、パンもめん類も三割《さんわり》をこえていません。和食ばなれが起きていると言い切れますか。

問一　この話し合いで司会が果たしている役割《やくわり》として、当てはまらないものを次から選んで、記号を書きなさい。〔10点〕

ア　話し合いの前提《ぜんてい》になる資料《しりょう》を提示《ていじ》する。

イ　話す人に主張《しゅちょう》の理由を説明するようにうながす。

ウ　話す人が言いたいことを補足《ほそく》説明する。

エ　自分の意見を積極的に主張《しゅちょう》する。

□

問二　この話し合いに出ている【資料《しりょう》】のアンケート結果をもとに作成したグラフとして、最もよいものを次から選んで、記号を書きなさい。〔10点〕

ア

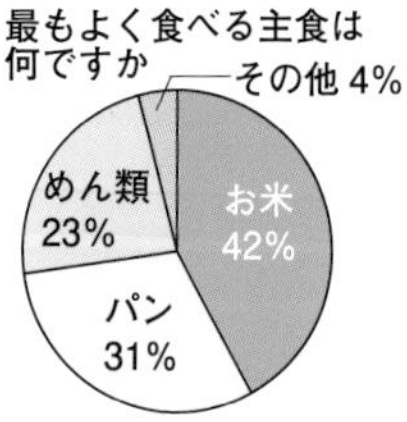

イ

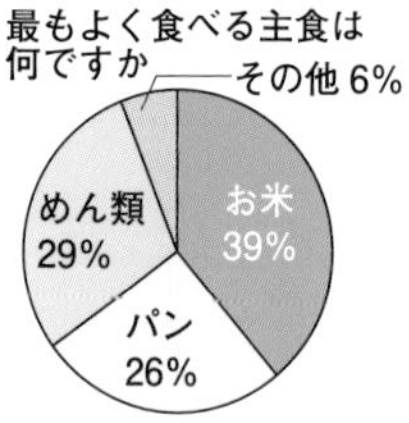

ウ

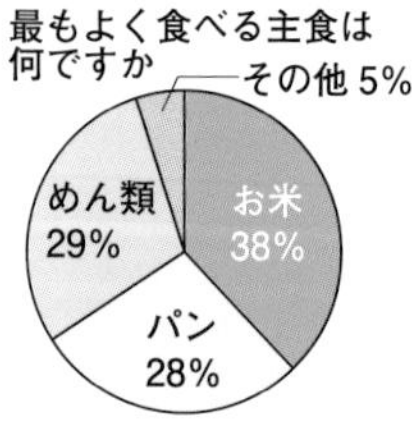

エ

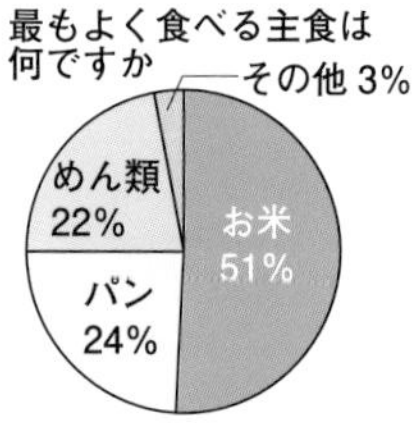

□

赤木《あかぎ》　それでも二つを合わせれば六割《ろくわり》近くになります。これらは小麦を用いる粉食《ふんしょく》文化で、お米を食べる粒食《りゅうしょく》文化、つまり和食が衰退《すいたい》している証拠《しょうこ》だと思います。

田中《たなか》　必ずしもそうとはいえないのではないでしょうか。②「パスタでたどるイタリア史《し》」という本に書いてあったのですが、日本には昔からめん文化が存在《そんざい》していたそうです。

司会　なるほど。つまり田中《たなか》さんは、お米だけが和食の主食ではないと言いたいわけですね。

田中《たなか》　はい。お米とめん類を合計した割合《わりあい》は六十七％です。約七割《ななわり》ですから、和食は健在《けんざい》ではないかと思うのです。

川原《かわはら》　その考え方は、少しちがうのではないでしょうか。[　　　　]。たとえば、うどんやそばは和食だと思いますが、ラーメンや、それこそパスタは和食とはいえないのではないでしょうか。

赤木《あかぎ》　それは一理ありますが、そうなると、お米だからといって全てが和食とは限《かぎ》らないかもしれませんね。そもそも和食とは何なのかを考える必要があるのかもしれません。

—（話し合いが続く）—

問三　——線①「見て」とありますが、この話し合いが児童だけでなく、先生も交える場合はどう言い直すべきですか。平仮名《ひらがな》三字で書きなさい。〔10点〕

問四　——線②「『パスタでたどるイタリア史《し》』という本に書いてあった」とありますが、田中《たなか》さんのこの発言にはどのような働きがありますか。最もよいものを次から選んで、記号を書きなさい。〔10点〕

ア　情報《じょうほう》がまちがっていないことを証明《しょうめい》する働き。
イ　主張《しゅちょう》の内容《ないよう》が研究されつくした説だと示《しめ》す働き。
ウ　情報《じょうほう》の根拠《こんきょ》が何であるかを明らかにする働き。
エ　主張《しゅちょう》が本当に正しいのかを考えさせる働き。

問五　[　　　　]には、川原《かわはら》さんの意見が入ります。それを前後の内容《ないよう》をふまえて四十字以内で書きなさい。〔10点〕

2 種島《たねしま》さんの学級では、「地球環境《かんきょう》を守るために私《わたし》たちは何をすべきか」というテーマでスピーチを行うことになりました。次は、そこで種島《たねしま》さんが使う予定の【スピーチの台本】と【資料《しりょう》】です。これらを読んで、問題に答えなさい。

【スピーチの台本】

みなさん、これを見てください（資料《しりょう》①を示《しめ》す）。これは、私《わたし》たちの学級で行った「地球環境《かんきょう》を守るために具体的な取り組みを行っているか」というアンケートの結果です。

この結果から①、みなさんが［　　］ことが分かります。これはとてもすばらしいことだと思いますし、ぜひ今後も続けていってもらいたいと思います。

次に、この資料《しりょう》を見てください（資料《しりょう》②を示《しめ》す）。これは、資料《しりょう》①と同じく私《わたし》たちの学級で行った「地球環境《かんきょう》を守るために具体的にはどのような取り組みを行っているか」というアンケートの結果です。複数《ふくすう》解答してもらい、さまざまな解答があったのですが、上位五項目《こうもく》をのせています。

この結果に対して、私《わたし》は一つ気になったことがあります。それは、買い物に「マイバッグ」を持っていく人が意外に少ないということです。「マイバッグ」を持っていかない人の多くは、お店のレジ袋《ぶくろ》を利用すると思うのですが、そうなるとプラスチックごみが増《ふ》える可能性《かのうせい》があります。

問一　【スピーチの台本】と【資料《しりょう》】には、漢字の使い方が正しくないところがあります。その部分を書きぬき、正しい漢字に書き直しなさい。　完答〔10点〕

（　　　）→（　　　）

問二　このスピーチで【資料《しりょう》②】はどのような役割《やくわり》を果たしていますか。最もよいものを次から選んで、記号を書きなさい。　〔10点〕

ア　種島《たねしま》さんの主張《しゅちょう》の前提《ぜんてい》になっている。
イ　種島《たねしま》さんの感想の理由になっている。
ウ　種島《たねしま》さんの考察の証拠《しょうこ》になっている。
エ　種島《たねしま》さんの意見の補足《ほそく》になっている。

［　　］

問三　――線①「から」とありますが、この「から」と同じ使い方のものはどれですか。最もよいものを次から選んで、記号を書きなさい。　〔10点〕

ア　真《ま》っ青《さお》な海と白い雲が窓《まど》から見える。
イ　つかれからすぐにねてしまった。
ウ　勉強は八時から始めるとしよう。
エ　パスタやうどんは小麦から作られる。

［　　］

② 『クジラのおなかからプラスチック』という本によると、プラスチックごみを海に流出させてしまっている国の中で、日本は三十位だそうです。この現状《げんじょう》を変えるため、私《わたし》たちはもっと「マイバッグ」を活用していくべきだと思います。

【資料《しりょう》①】

地球環境《かんきょう》を守るために具体的な取り組みを行っているか

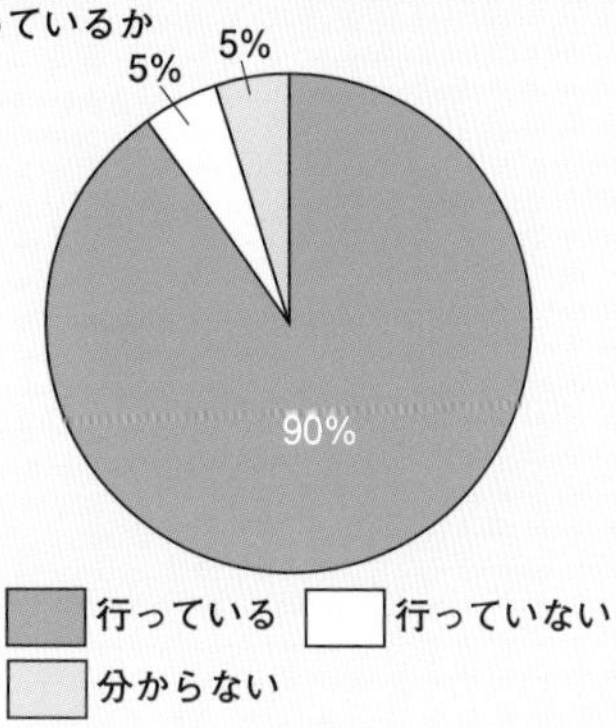

【資料《しりょう》②】

地球環境《かんきょう》を守るために具体的にはどのような取り組みを行っているか（複数解答）

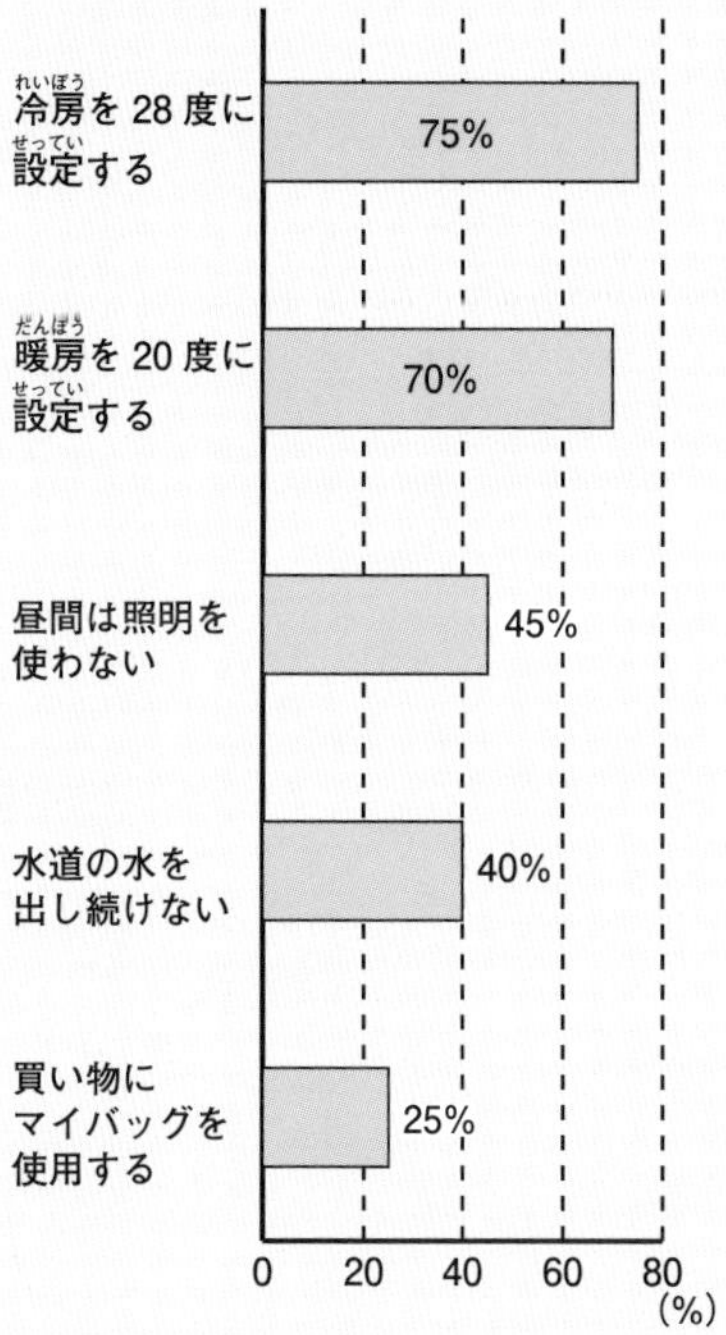

問四 [　　]には、「地球環境《かんきょう》を守るために具体的な取り組みを行っているか」というアンケートの結果を見た種《たね》島《しま》さんの感想が入ります。それを【資料《しりょう》①】の内容《ないよう》をふまえて三十字以内で書きなさい。〈10点〉

問五 種島《たねしま》さんが【スピーチの台本】を友人に見せたところ、友人は、――線②の一文を改変するべきだと助言しました。その友人の助言として、[　　]に入る言葉を三十字以内で書きなさい。〈10点〉

【友人の助言】

これだと日本の三十位という順位が、高いのか低いのかが分からないから、[　　]。

トクとトクイになる！

小学ハイレベルワーク

国語5年

答えと考え方

1 漢字

標準レベル＋

8・9ページ

1 (1)あウ いい林 (2)あイ いい下 (3)あア いい門 (4)あエ いい銅

2 (1)①ぎょ ②りょう (2)①はつ ②はじ (3)①じ ②ち (4)①しょう ②せい ③はぶ

3 (1)①付 ②着 (2)①明 ②開 (3)①空 ②指示 (3)①支持 (4)①決行 ②結構 ③欠航

4 (1)①料 ②科 (2)①職 ②識 (3)①池 ②地 (4)①宮 ②官 ③管

考え方

1 漢字の成り立ちは、物の形や様子をえがいた絵を簡単《かんたん》にした「象形文字《しょうけいもじ》」、形に表すのが難《むずか》しいものを印などで表した「指事文字」、複数《ふくすう》の漢字を組み合わせた「会意文字」、音を表す部分と意味を表す部分を組み合わせた「形声文字」に分けられます。それぞれの特徴《とくちょう》に着目して見分けましょう。

2 ふつう、一つの漢字には音読みと訓読みがありますが、音読みか訓読みしかない漢字もあります。また、複数《ふくすう》の読みをもつ漢字もあるので、前後の漢字や送り仮名《がな》に着目してどう読むのかを見分けましょう。

3 訓読みが同じ漢字を「同訓異字《どうくんいじ》」、読みが同じで意味が異《こと》なる語を「同《どう》音異義語《おんいぎご》」といいます。これらはいずれも平仮名《ひらがな》で書くと同じになるので取りちがえることが多くあります。文の内容《ないよう》から意味を読み取ったうえで書くように心がけましょう。

4 形の似《に》ている漢字は混同《こんどう》しやすいので注意しましょう。ふだんから漢字をていねいに書き、形のちがいを意識《いしき》するとよいでしょう。また、それぞれの漢字の意味からふさわしいものを判断《はんだん》することもできます。たとえば、(4)「管」は「くだ(中が空の細長いつつ)」という意味があるので、「水道管」にふさわしいことが分かります。

ハイレベル＋＋

10・11ページ

1 (1)あイ いいケ (2)あウ いいシ (3)あカ いいク (4)あエ いいサ

2 (1)イ (2)ウ (3)ア (4)ウ (5)エ (6)イ

3 (1)厚→暑 (2)効→聞 (3)早→速 (4)証明→照明 (5)再会→再開 (6)用意→容易

4 (1)健康 (2)点検 (3)能率 (4)決定 (5)功績 (6)対照的

考え方

1 部首に当たる部分は、それぞれ(1)「⻗」、(2)「忄」、(3)「刂」、(4)「广」です。部首は、漢字の分類の目印となる部分で、元になった漢字の意味をもち、その部首をもつ漢字は、それに関係した意味をもつものが多いです。部首の意味を問われた場合、その漢字の意味もふまえて考えるとよいでしょう。

2 (1)**イ**は「さかい」、他は全て「きょう」と読みます。(2)**ウ**は「ぶ」、他は全て「む」と読みます。(3)**ア**は「おも」、他は全て「じゅう」と読みます。(4)**ウ**は「おや」、他は全て「しん」と読みます。(5)**エ**は「しも」、他は全て「した」と読みます。(6)**イ**は「びょう」、他は全て「へい」と読みます。

3 (1)「厚《あつ》い(あつみがある)」、「暑い(気温が高い)」。(2)「効《き》く(効果《こうか》がある)」、「聞く(音や声を耳に受ける)」。(3)「早い(時間が短い)」、「速い(スピードがある)」。(4)「証明《しょうめい》(正しさを示《しめ》す)」、「照明(明かり)」。(5)「再会《さいかい》(再《ふた》び会う)」、「再開《さいかい》(再《ふた》び開始する)」。(6)「用意(準備《じゅんび》・したく)」、「容易《ようい》(たやすい・簡単《かんたん》)」。文の内容《ないよう》を読み取ったうえで、正しくない使い方をしている漢字を探《さが》しましょう。

4 (1)「亻」が必要です。「建」は「建設《けんせつ》」などのように使います。(2)「阝」ではなく「木」です。「険《けん》」は「保険《ほけん》」などのように使います。(3)「亠」と「十」の間の形がちがいます。「卒」は「卒業」などのように使います。(4)「忄」ではなく「氵」です。「快《かい》」は「快感《かいかん》」などのように使います。(5)「禾」ではなく「糸」です。「積」は「積極的」などのように使います。(6)「灬」が必要です。「昭」は「昭和」などのように使います。

2 いろいろな言葉

標準レベル＋

12・13ページ

1 (1)外来語・オ (2)和語・ウ (3)漢語・エ (4)漢語・ア (5)和語・カ (6)外来語・イ

2 (1)かぞくりょこう (2)あまぐも (3)とびまわる (4)こなミルク (5)ごみばこ (6)うたごえ (7)ガラスコップ (8)おやごころ

3 (1)平等 (2)用意 (3)氏名 (4)心配 (5)永遠 (6)間接 (7)人工 (8)終点 (9)理性 (10)長所

4 (1)ウ (2)イ (3)エ (4)ア (5)ア (6)イ (7)エ (8)ア (9)ウ (10)イ

考え方

1 (2)(5)「和語」は、もともと日本にあった言葉で、平仮名《ひらがな》で書かれる場合もありますが、漢字でも訓読みであれば和語です。(3)(4)「漢語」は、主に中国から入ってきた言葉で、漢字の音読みの言葉です。(1)(6)「外来語」は、中国以外の外国から入ってきた言葉で、基本的《きほんてき》には片仮名《かたかな》で書かれます。

2 複合語《ふくごうご》は(2)(3)(5)(6)(8)のように組み合わさるときに元の言葉と発音が変わることがあります。主に和語の発音が変わるので、和語を用いた複合語《ふくごうご》が出題されているときは特に注意しましょう。

3 熟語《じゅくご》の意味を考えてみましょう。類義語《るいぎご》は一字が異《こと》なるもの(1)(3)(5)と二字とも異《こと》なるもの(2)(4)が、対義語《たいぎご》は一字だけが反対や対《つい》の意味になるもの(6)(8)(10)と熟語《じゅくご》全体で反対や対《つい》の意味になるもの(7)(9)があります。

4 (1)「親しい友」という構成《こうせい》です。(2)「昼↔夜」という構成《こうせい》です。(3)「文を作る」という構成《こうせい》です。(4)「土≒地」という構成《こうせい》です。(5)「戦(う)≒争(う)」という構成《こうせい》です。(6)「高(い)↔低(い)」という構成《こうせい》です。(7)「山に登る」という構成《こうせい》です。(8)「思(う)≒考(える)」という構成《こうせい》です。(9)「青い空」という構成《こうせい》です。(10)「天↔地」という構成《こうせい》です。

ハイレベル＋＋

14・15ページ

1 (1)カ (2)イ (3)キ (4)ク (5)ア (6)エ (7)オ (8)ウ

2 (1)やすみじかん・ウ (2)メロンあじ・エ (3)とくべつメニュー・オ (4)むかしばなし・ア (5)ぼうえきがいしゃ・イ

3 (1)無事 (2)短所 (3)材料 (4)同意 (5)注意 (6)不調 (7)上品 (8)未来 (9)無名 (10)結果

4 (1)ア (2)カ (3)ウ (4)イ (5)オ (6)エ (7)カ (8)オ

考え方

1 外来語は和語や漢語とは異《こと》なり、漢字から意味を想像《そうぞう》することができないので、文章などに出てくる意味がよく分からない外来語は、積極的に辞書で調べるようにしましょう。また、聞き覚えのある外来語については、それがどのような和語や漢語に置きかえられるのかをイメージする(想像《そうぞう》する)とよいでしょう。

2 (1)「休む(和語)＋時間(漢語)」。(2)「メロン(外来語)＋味(和語)」。(3)「特別(漢語)＋メニュー(外来語)」。(4)「昔(和語)＋話(和語)」。「はなし」→「ばなし」と発音が変わっていることに注意しましょう。(5)「貿易《ぼうえき》(漢語)＋会社(漢語)」。「かいしゃ」→「がいしゃ」と発音が変わっていることに注意しましょう。

3 熟語《じゅくご》の意味を考えてみましょう。(1)(2)(4)(5)は二字とも異《こと》なる類義語《るいぎご》、(3)は一字だけ異《こと》なる類義語《るいぎご》、(7)は一字だけが対《つい》の意味になる対義語《たいぎご》、(8)(10)は熟語《じゅくご》全体で対《つい》の意味になる対義語《たいぎご》です。また、対義語《たいぎご》には、(6)の「不」や(9)の「無」のように打ち消す漢字を付けたものがあります。打ち消す漢字には、このほかに「未」「非《ひ》」「否《ひ》」などがあります。

4 (1)「競《きそ》(う)≒争(う)」という構成《こうせい》です。(2)「日が照る」という構成《こうせい》です。(3)「清い流れ」という構成《こうせい》です。(4)「勝(つ)↔負(ける)」という構成《こうせい》です。(5)「害が無い」という構成《こうせい》です。(6)「曲を作る」という構成《こうせい》です。(7)「気が弱い」という構成《こうせい》です。(8)「まだ(未)満ちていない」という構成《こうせい》です。

3 言葉の意味

標準レベル＋

16・17ページ

1 (1)目 (2)馬 (3)花 (4)心 (5)犬 (6)葉
2 (1)エ (2)カ (3)イ (4)ウ (5)ア (6)オ
3 (1)ウ (2)ア (3)イ (4)カ (5)キ (6)オ
4 (1)ウ (2)イ (3)ア (4)エ

考え方

1 慣用句《かんようく》は、二つ以上の言葉が結びついて、決まった意味を表す言葉です。(1)・(4)のように体や心を表す言葉や、(2)・(5)のように動物(生き物)を表す言葉、(3)・(6)のように植物を表す言葉を使ったものが多くあります。

2 (1)「図に乗る」は、調子に乗るという意味です。(2)「色を失う」は、血の気が引き、顔が青くなる様子。(3)「けりがつく」は、決着がつくことです。(4)「水をさす」は、良い状態《じょうたい》のものにじゃまをすることです。(5)「うわの空」は、気になることがあって、それ以外に集中できない様子。(6)「思うつぼ」は、思ったとおりになることです。

3 ことわざは、昔から言い伝えられてきたことや、生活の中から得《え》られた教訓などを短い言葉で表したものです。(3)「うりのつるになすびはならぬ」と、イ「かえるの子はかえる」は、子は親に似《に》るということです。エ「とんびがたかを生む」は、親に似《に》ないすぐれた子どもが生まれるということで、反対の意味を表します。

4 言葉の中には、仮名《かな》で書くと同じでも、いろいろな意味をもっている言葉があります。そういった言葉の意味は、文の全体の流れからどのような意味かをとらえることが大切です。(1)とウの「たてる」は、考えるというような意味です。(2)とイの「かける」は、さげる、たらすというような意味です。(3)とアの「のぼる」は、上へ進むというような意味です。(4)とエの「みる」は、目で見るというような意味です。

ハイレベル＋＋

18・19ページ

1 (1)オ (2)イ (3)ア (4)ウ (5)カ (6)エ (7)キ
2 (1)カ (2)ウ (3)イ (4)ア (5)オ (6)ク (7)エ
3 (1)ク (2)ウ (3)カ (4)エ (5)キ (6)イ (7)オ (8)ア
4 (1)ひく (2)あがる (3)きく (4)かえる

考え方

1 (1)「首をひねる・首をかしげる」。(2)「腹《はら》を割《わ》る・腹《はら》をくくる・腹《はら》が立つ」。(3)「気が進まない・気に食わない」。(4)「目が高い・目に余《あま》る・目を細める」。(5)「口をはさむ・口がすべる」。(6)「足を洗《あら》う・足が重い・足を運ぶ」。(7)「頭をかかえる・頭が下がる」。意味を辞書などで調べてみましょう。

2 それぞれ以下のような意味を表します。アわずかな助力では効果《こうか》がない状況《じょうきょう》。イとても用心する。ウどんなに意見しても効果《こうか》がない。エ不運が重なる。オ失敗や不運が意外に良い結果になる。カおそろしい人にも情《じょう》はある。キ二つのものが全くちがっている。ク名人も失敗することがある。

3 (1)風流より「実利」をとるというような意味です。(2)「我慢《がまん》」して続ければいずれ成功するというような意味です。(3)「不運」が重なるというような意味です。似《に》た意味のことわざに「泣きっ面《つら》にはち」があります。(4)人は関わる相手に「影響《えいきょう》」されて変わるというような意味です。(5)急いでいるときこそ、遠回りするくらい「着実」に行動した方が良いというような意味です。(6)みんなで「協力」すれば良いちえが浮《う》かぶというような意味です。(7)小さな存在《そんざい》にもそれなりの「意地」があるというような意味です。(8)「用心」して、先に手を打っておくというような意味です。

4 それぞれ前から順に以下のような意味を表します。(1)演奏《えんそう》する・体内に吸《す》いこむ・(自分の方へ)引き寄《よ》せる・手元に取る。(2)上達する・高い状態《じょうたい》になる・高い場所へ行く・室内に入る。(3)効果《こうか》がある・音を耳にする・よく機能《きのう》する・たずねる。(4)元いた場所にもどる・卵《たまご》からひなが出てくる・変化させる・取りかえる。

チャレンジテスト

20・21ページ

1 (1)草花　(2)法治　(3)神社　(4)終結　(5)思想　(6)植林　(7)明暗　(8)個体

2 (1)ア　(2)イ　(3)イ　(4)エ　(5)ウ

3 (1)テーブルには、妹の国語の教科書があった。
(2)夏になったら、友人と海水浴に行きたい。
(3)カステラは、ポルトガルから日本に伝えられた食べ物だ。
(4)弟は、ファンタジー小説を読むのが好きらしい。
(5)三つの紙コップに、それぞれジュースとお茶と水を注いだ。

4 (1)㋐エ　㋑ケ　(2)㋐イ　㋑コ　(3)㋐カ　㋑ク　(4)㋐ア　㋑サ
(5)㋐オ　㋑キ　(6)㋐ウ　㋑シ

考え方

1 このような問題は、いわゆる「漢字パズル」と呼《よ》ばれるもので、一見ひらめきがないと解《と》けないように思うかもしれませんが、漢字の構造《こうぞう》を正しく理解《りかい》していれば解《と》けるはずなので、あせらずにじっくり考えましょう。

漢字に対して部首を書きこんでみるとイメージがしやすくなるでしょう。両方に共通する部首が見つかれば、そのまま熟語《じゅくご》になる場合もあります。

また、すでにある漢字に対して部首が付いて別の漢字になるのですから、それらの漢字は「会意文字」か「形声文字」なので、その点もふまえて考えるとよいでしょう。もし形声文字であればその漢字は音を表しており、それらが音を表す部分になる部首付きの漢字があるはずです。たとえば、(1)「早」「化」の「ソウ」「カ」という音に着目すれば、それらが音を表す部分になる「草」「花」という漢字を見つけ出すことができます。こうした問題であれば、まずその音読みに着目し、形声文字かどうかを確認《かくにん》するというのも一つの方法でしょう。

2 (1)考えて解答《かいとう》を出すという意味をもつ「解《と》く」がふさわしいといえます。**エ**「説く」は、説明するという意味で、「人の道を説く」のように使います。(2)細かい作業がうまいという意味をもつ「器用」がふさわしいといえます。**ウ**「起用」は、人を取り立てて使うという意味で、「○○さんをピッチャーに起用する」のように使います。(3)ちょうどよい時期という意味をもつ「機会」がふさわしいといえます。**ア**「器械」**ウ**「機械」は、どちらも道具という意味をもっていますが、**ウ**には動力があるのに対して、**ア**には動力がないというちがいがあります。(4)元の場所にもどるという意味をもつ「帰る」がふさわしいといえます。**イ**「返る」は、元の状態《じょうたい》にもどるという意味で、「落とし物が返る」のように使います。また、どちらも「かえ―る」であり、「か―える」ではありません。送り仮名《がな》にも注意しましょう。(5)材料に手を加えて新しいものをつくるという意味をもつ「加工」がふさわしいといえます。**エ**「囲《かこ》う」は、まわりを取りまくという意味で、「さくで庭を囲《かこ》う」というように使います。

3 外来語は片仮名《かたかな》、漢語は漢字、和語は訓読みの漢字があるものは漢字に直しましょう。(3)「にっぽん」は、「ニッポン」と片仮名《かたかな》で表記されることもありますが、本来は漢語なので漢字に直しましょう。(4)「ふぁんたじいしょうせつ」は、外来語と漢語の複合語《ふくごうご》で「ファンタジー小説」となります。(5)「かみこっぷ」は、和語と外来語の複合語《ふくごうご》で「紙コップ」となります。

4 (1)強い者がより強く「強化」されるというような意味です。一字だけが反対の意味になる「弱化」が対義語《たいぎご》です。(2)「不幸」が重なるというような意味です。似《に》た意味のことわざに「弱り目にたたり目」があります。「不幸」は、打ち消す漢字(不)を付けた「幸福」の対義語《たいぎご》です。(3)とても「多弁《たべん》」な人であることを表しています。「多弁《たべん》」とは、口数が多いということであり、対義語《たいぎご》は口数が少ない「無口」であるといえます。(4)どうするべきかあれこれ「心配」するというような意味です。熟語《じゅくご》全体で反対の意味になる「安心」が対義語《たいぎご》です。(5)「期待」に心がわくわくするというような意味です。「期待」は希望をもって心待ちにするという意味であり、対義《たいぎ》語《ご》は希望を失ってがっかりする「失望」であるといえます。(6)「有名」になって世間に知られるというような意味です。打ち消す漢字(無)を付けた「無名」が対義語《たいぎご》です。

4 文の組み立て

標準レベル ＋

22・23ページ

1 (1)ウ (2)イ (3)エ

2 (1)イ (2)ア (3)ア

3 (1)ウ (2)イ (3)エ (4)ア (5)イ

4 (1)真夏の (2)兄が書いた (3)きれいな (4)ぼくがとった (5)緑の (6)とても

考え方

1 文節とは、文を区切ったときに不自然にならない最小の単位のことです。「ネ」「サ」「ヨ」などを入れて自然に読むことができるので、実際《じっさい》に区切るときには「ネ」「サ」「ヨ」を入れて確《たし》かめてみるとよいでしょう。(3)「ピアノ教室」は複合語《ふくごうご》ですから、「ピアノ」と「教室」は分けません。

2 単語は文節を組み立てている一つ一つの言葉で、言葉の最小の単位のことです。実際《じっさい》に単語を区切るときには、まず文節に分けてみてから、そこにどのような言葉があるのかを確認《かくにん》するとよいでしょう。(1)「読んだ」の「だ」は過去《かこ》を表す一つの単語です。(2)「元気に」はこれで一つの単語です。(3)「ようだ」は推定《すいてい》を表す一つの単語です。

3 各文の述語《じゅつご》に着目しましょう。それぞれ(1)「新刊《しんかん》だ(なんだ)」、(2)「おいしい(どんなだ)」、(3)「あった〔よ〕(ある)」、(4)「切り分けた(どうする)」、(5)「元気だ(どんなだ)」という関係にあることが分かります。

4 ――線の言葉とつなげて、意味が通る言葉を書きぬきましょう。(2)主語と述語《じゅつご》の関係が二つあり、「兄が書いた」が一まとまりで「作文は」という主語を修飾《しゅうしょく》しています。このような文のことを「複文《ふくぶん》」といいます。(4)も同じ構造《こうぞう》です。(3)(6)主語と述語《じゅつご》の関係が二つあり、それぞれが対等に並《なら》んでいます。このような文のことを「重文」といいます。なお、(1)(5)のように主語と述語《じゅつご》の関係が一つだけのものを「単文」といいます。

ハイレベル ＋＋

24・25ページ

1 (1)五 (2)六 (3)五 (4)五 (5)四 (6)五

2 (1)八 (2)八 (3)八 (4)八 (5)九 (6)八

3 (1)ウ (2)エ (3)ア (4)イ (5)ウ

4 (1)②⑥/③④・イ (2)③⑥・ア (3)①③/④⑥・ウ (4)①⑥/③⑤・イ (番号組み合わせ各々順不同可)

考え方

1 (1)「今日から/ここが/君の/勉強する/部屋だ。」。(2)「私《わたし》は/評判《ひょうばん》の/お店に/みんなと/行って/みた。」。(3)「この/パソコンは/こわれて/いて/動かない。」。(4)「今夜は/台風の/ためか/非常《ひじょう》に/むし暑い。」。(5)「真っ白な/生クリームは/まるで/雪のようだ。」。(6)「かれは/毎日/家で/トレーニングして/いる。」。

2 (1)「私《わたし》/は/小説/を/読む/こと/が/好きだ。」。(2)「ここ/から/は/花火/が/よく/見え/ない。」。(3)「向こう/に/いる/人/は/たぶん/兄/だ。」。(4)「美術館《びじゅつかん》/で/いろいろな/絵画/を/見/て/くる。」。(5)「大会/に/向け/て/必死に/練習し/て/い/た。」。(6)「かれ/は/かべ/に/モップ/を/立てかけ/た。」。

3 (1)(5)**ウ**は「何(だれ)が(は)―どうする」、(2)**エ**は「何(だれ)が(は)―どんなだ」、(3)**ア**は「何(だれ)が(は)―なんだ」、(4)**イ**は「何(だれ)が(は)―ある(いる・ない)」という関係になっています。

4 (1)「通りは―きれいだ」「桜《さくら》が―さく(と)」の二つが主語と述語《じゅつご》の関係です。「桜《さくら》が―さく(と)」は条件《じょうけん》を示《しめ》しているので、「複文《ふくぶん》」です。(2)「星が―かがやく」の一つが主語と述語《じゅつご》の関係になっているので、「単文」です。(3)「兄は―読み」「ぼくは―見た」の二つが主語と述語《じゅつご》の関係です。二つの関係は対等であるので、「重文」です。(4)「あれは―壁画《へきが》です」「卒業生が―作成した」の二つが主語と述語《じゅつご》の関係です。「卒業生が―作成した」は「壁画《へきが》です」を修飾《しゅうしょく》しているので「複文《ふくぶん》」です。

5 単語の分類

標準レベル＋

26・27ページ

1 (1)(自立語)ぼく・教室・作文・書い・い　(付属語)は・で・を・て・た
(2)(自立語)七月・公園・ひまわり・きれいに・さく　(付属語)に・の・が
(3)(自立語)この・クリームパン・クリーム・少ない　(付属語)の・は　(各々順不同可)

2 (1)ウ　(2)エ　(3)オ　(4)ア　(5)イ

3 (1)ウ　(2)ケ　(3)オ　(4)ク　(5)キ　(6)ア　(7)エ　(8)コ　(9)カ　(10)イ

4 (1)ア　(2)イ　(3)ウ

考え方

1 「自立語」とは、それだけで一つの文節になる言葉で、「付属語《ふぞくご》」はそれだけでは文節にならない言葉です。文節の中の付属語《ふぞくご》は、自立語の下に付属《ふぞく》する形で付いているので、文節を単語に分けたときに上にあるものは自立語、下にあるものは付属語《ふぞくご》になります。

2 (1)「動詞《どうし》」などが文の中でどのような役割《やくわり》を果たしているのかを考えましょう。(2)(4)(5)[例]に着目しましょう。「形容動詞《けいようどうし》」は、性質《せいしつ》や状態《じょうたい》を表す品詞《ひんし》です。(3)下の「副詞《ふくし》」などの説明に「……を修飾《しゅうしょく》する」とあります。

3 **1**で示《しめ》したようなやり方で、――線部が「自立語」か「付属語《ふぞくご》」かを確認《かくにん》してみましょう。付属語《ふぞくご》は「助動詞《じょどうし》」と「助詞《じょし》」しかなく、活用できるかできないかを確《たし》かめればすぐに見つけ出せるはずです。また、自立語も「用言」は言い切りの形で判断《はんだん》できます。残り五つの品詞《ひんし》については、**2**の表の説明を参考にしながら探《さが》すとよいでしょう。

4 (1)「ほめ」るのは自分ではなく相手なのですから、他からの動作を受ける「受け身」の意味を表していると分かります。(2)前の部分に「まるで」とあり、「たとえ」の意味を表していると分かります。(3)この文は「小鳥が」が主語、「とまる」が述語《じゅつご》の関係になっていることが分かります。

ハイレベル＋＋

28・29ページ

1 (1)(活用がある品詞)開け・た
(2)(活用がない品詞)姉・は・部屋・の・窓・を・全て
(活用がある品詞)入っ・急に・下がっ・た
(3)(活用がない品詞)九月・に・て・気温・が
(活用がある品詞)おいしい
(活用がない品詞)あの・店・の・カレーパン・は　(各々順不同可)

2 (1)①練習する　②なる　(2)①悪い　②見える　(3)①静かだ
②歩く　(4)①散る　②生える　(5)①元気だ　②うれしい

3 (1)エ　(2)イ　(3)ア　(4)オ　(5)ウ　(6)エ

4 (1)ウ　(2)エ　(3)イ　(4)ア

考え方

1 活用がある品詞《ひんし》は、自立語の「動詞《どうし》」「形容詞《けいようし》」「形容動詞《けいようどうし》」、付属語《ふぞくご》の「助動詞《じょどうし》」で、それ以外が活用のない品詞《ひんし》です。単語の中から、先に活用がある品詞《ひんし》を探《さが》しましょう。特に「動詞《どうし》」「形容詞《けいようし》」「形容動詞《けいようどうし》」は言い切りの形に着目するとよいでしょう。

2 (2)①(5)②は形容詞《けいようし》、(3)①(5)①は形容動詞《けいようどうし》。他は全て動詞《どうし》です。動詞《どうし》の言い切りの形は「ウ段《だん》」、形容詞《けいようし》の言い切りの形は「い」、形容動詞《けいようどうし》の言い切りの形は「だ・です」なので、その法則《ほうそく》に当てはまるように直しましょう。

3 (1)**エ**は名詞《めいし》、他は全て形容詞《けいようし》です。(2)**イ**は形容動詞《けいようどうし》、他は全て「名詞《めいし》＋だ(助動詞《じょどうし》)」です。(3)**ア**は連体詞《れんたいし》、他は全て形容動詞《けいようどうし》です。(4)**オ**は形容動詞《けいようどうし》、他は全て副詞《ふくし》です。(5)**ウ**は名詞《めいし》、他は全て連体詞《れんたいし》です。(6)全て名詞《めいし》ですが、**エ**のみ数詞《すうし》で他は全て普通名詞《ふつうめいし》です。

4 (1)と**ウ**は伝聞、他は全て様態《ようたい》を表します。(2)と**エ**は意志《いし》、他は全て推量《すいりょう》を表します。(3)と**イ**は動作を共同していることを表します。**ア**は結果、**ウ**は並立《へいりつ》、**エ**は比《くら》べる相手を表します。(4)と**ア**は場所を表しています。**イ**は時間、**ウ**は相手、**エ**は理由を表します。

6 敬語《けいご》

標準レベル＋ 30・31ページ

1 (1)ア (2)ウ (3)イ (4)ア

2 (1)(あ)ウ (い)コ (2)(あ)イ (い)サ (3)(あ)ア (い)ケ (4)(あ)カ (い)キ

3 (1)申し(上げ)て (2)いらっしゃいますか(おいでになりますか) (3)おききします(うかがいます) (4)やる(あたえる) (5)なさる(される) (6)いただきます(ちょうだいします)

4 (1)ア (2)ア (3)エ (4)ウ

考え方

1 「尊敬語《そんけいご》」は、話し相手をふくめた話題の中で動作をする人物を敬《うやま》う敬語《けいご》です。「謙譲語《けんじょうご》」は、話し相手をふくめた話題の中で動作を受ける人物を敬《うやま》う敬語《けいご》で、結果的に自分をふくめた話題の中で動作をする人物(多くは自分に近しい相手)がへりくだることになります。「丁寧語《ていねいご》」は、丁寧《ていねい》に言い表すときに使う敬語《けいご》です。それぞれの特徴《とくちょう》に着目して見分けましょう。

2 (1)〜(4)の尊敬語《そんけいご》は、助動詞「れる・られる」を付けて表すこともできます。また、「お(ご)〜になる(なさる)」という形で尊敬語《そんけいご》にできるものもあり、(2)「お食べになる」と表すこともできます。

3 (1)動作するのは身内の「父」なので、謙譲語《けんじょうご》に直しましょう。(2)動作するのは「先生」なので、尊敬語《そんけいご》に直しましょう。(3)動作するのは「私《わたし》」なので、謙譲語《けんじょうご》に直しましょう。(4)「(飼《か》い犬の)タロウ」に対して敬語《けいご》は必要ありません。(5)動作するのは「校長先生」なので、尊敬語《そんけいご》に直しましょう。(6)動作するのは何かを食べる「自分」なので、謙譲語《けんじょうご》に直しましょう。

4 それぞれだれの動作であるのかに着目して考えましょう。(1)「お(ご)〜する」は謙譲語《けんじょうご》を表すので、アがふさわしいです。(2)ア「ご覧《らん》になる」は「見る」の尊敬語《そんけいご》です。(3)エ「うかがう」は「行く」の謙譲語《けんじょうご》です。(4)ウ「お目にかかる」は「会う」の謙譲語《けんじょうご》です。

ハイレベル＋＋ 32・33ページ

1 (1)ウ (2)ア (3)イ (4)イ (5)ア

2 (1)①いわれる(た) ②おっしゃる (2)①はいけんします ②ごらんになる (3)①おたずねになる ②おたずねする

3 (1)おいでになり(ます)→参り(ます) (2)なさい(ます)→いたし(ます) (3)いらっしゃい(ます)→おり(ます) (4)ちょうだいし(て)→めし上がっ(て) (5)あたえ(ました)→差し上げ(ました) (6)おききする→おききになる

4 (1)ウ (2)イ (3)エ

考え方

1 (1)聞き手(読み手)に対して、丁寧《ていねい》な言い方をしているので丁寧語《ていねいご》です。(2)「お(ご)〜なる」は、尊敬語《そんけいご》です。(3)「いただく」は「食べる」の謙譲《けんじょう》語《ご》です。(4)「参る」は、「行く」の謙譲語《けんじょうご》です。(5)「ご〜なさる」は、尊《そん》敬語《けいご》です。謙譲語《けんじょうご》である「お(ご)〜する」とまちがえないように注意しましょう。

2 敬《うやま》っている相手がだれなのかを読み取ったうえで、尊敬語《そんけいご》・謙譲語《けんじょうご》・丁《てい》寧語《ねいご》のいずれが当てはまるのかを考えましょう。(1)①尊敬の助動詞「れる・られる」が付くことで尊敬語《そんけいご》にできます。

3 尊敬語《そんけいご》と謙譲語《けんじょうご》の取りちがえは、敬語《けいご》を使うときにはよく起こります。ですから、問題として出される場合は、まずそこに着目するとよいでしょう。尊敬語《そんけいご》は動作をする人物を敬《うやま》っており、謙譲語《けんじょうご》は動作を受ける人物を敬《うやま》っているという前提《ぜんてい》を常《つね》に意識《いしき》しておきましょう。

4 手紙の中で敬《うやま》う人物は「(上山清《かみやまきよし》)先生」ですが、その先生が動作をしているのか、動作を受けているのかによって敬語《けいご》の種類は変わってきます。空欄《くうらん》の前後の言葉から、だれからだれへの敬意《けいい》なのかを読み取りましょう。(3)エ「お目にかける」は、「見せる」の謙譲語《けんじょうご》です。

チャレンジテスト

34・35ページ

1 (1)いよいよ／明日／から／待ち望ん／で／い／た／夏休み／が／始まり／ます。

(2)ぼくは／この／長い／休みを／利用して、／自分を／成長させたいと／思って／います。

(3)ア

2 (1)ウ (2)イ (3)ア (4)ウ (5)ア

3 (1)イ (2)ア (3)エ (4)ウ

4 (1)いらっしゃいますか (2)イ (3)おあいして

考え方

1 (1)「待ち望ん」は、「待ち望む」という複合語《ふくごうご》(動詞《どうし》)で、これで一つの単語です。下に助詞《じょし》「て(で)」が付くため、活用して「待ち望ん(で)」となっています。また、「いた」は、「い」が動詞《どうし》「いる」の活用したもので、「た」は助動詞《じょどうし》であるので二つの単語です。また、「夏休み」も複合語《ふくごうご》(名詞《めいし》)なので一つの単語です。(2)「長い休み」は、「夏休み」とは異《こと》なり、形容詞《けいようし》「長い」が「休み(を)」を修飾《しゅうしょく》しているので、文節も二つに分けられます。また、「思っています」は、一つの文節に自立語は一つという原則《げんそく》があるので、「思って」「います」で文節が分けられます。(3)主語と述語《じゅつご》を見つけてその関係を考えましょう。日本語の文は、主語はある程度《ていど》自由に配置できるのに対して、述語《じゅつご》はふつう文末に置かれるので、先に述語《じゅつご》を見つけてから、その述語《じゅつご》に対応する主語を探《さが》すとよいでしょう。

2 アは「複文《ふくぶん》」、イは「単文」、ウは「重文」です。単文は主語と述語《じゅつご》が一つだけであるのに対して、複文《ふくぶん》と重文はどちらも主語と述語《じゅつご》が二つ以上あるので混同《こんどう》しないように注意しましょう。

重文は、二つ以上の主語と述語《じゅつご》の関係が対等であるのに対して、複文《ふくぶん》は、文の中心となる主語と述語《じゅつご》は一つだけであり、もう一方は他の部分を修飾《しゅうしょく》したり、条件《じょうけん》を示《しめ》したりするという特徴《とくちょう》があります。

(1)「空は—晴れわたり」「風は—おだやかだった」の主語と述語《じゅつご》の関係は対等であるので重文です。(2)「人々は—おせっかいなようだ」と主語と述語《じゅつご》は一つしかないので単文です。(3)「ケーキは—おいしかった」が中心になる主語と述語《じゅつご》で、「母が—作った」は、「ケーキ(は)」を修飾《しゅうしょく》しているので複文《ふくぶん》です。(4)「ぼくは—幼稚園児《ようちえんじ》で」「兄は—小学三年生だった」の主語と述語《じゅつご》の関係は対等であるので重文です。(5)「あれは—オムライスだ」が中心になる主語と述語《じゅつご》で、「弟が—作った」は、「オムライスだ」を修飾《しゅうしょく》しているので複文《ふくぶん》です。

3 単語は、形が似《に》ていても用法がちがうものが多くあります。形にばかり着目するのではなく、文を読んで意味を考え、用法をとらえるようにしましょう。(1)とイは、物事の性質《せいしつ》や状態《じょうたい》を表す「形容動詞《けいようどうし》」で、言い切りの形が「だ」で終わります。アとウは、用言を修飾《しゅうしょく》する「副詞《ふくし》」、エは体言を修飾《しゅうしょく》する「連体詞《れんたいし》」です。(2)とアは、「動詞《どうし》」が変形した「名詞《めいし》」です。イとウは、動作を表す「動詞《どうし》」で、言い切りの形がウ段《だん》で終わります。エは、物事の性質《せいしつ》や状態《じょうたい》を表す「形容詞《けいようし》」で、言い切りの形が「い」で終わります。(3)全て助動詞《じょどうし》「られる」ですが、(3)とエは、受け身の意味を表しています。アは尊敬《そんけい》、イは自発(自然にそうなること)、ウは可能《かのう》の意味を表しています。(4)全て助詞《じょし》「の」ですが、(4)とウは、主語であることを表しています。アとイは、体言を修飾《しゅうしょく》しています。エは、「こと・もの」の代わりの役割《やくわり》を果たしています。

4 (1)「おる」は「いる」の「謙譲語《けんじょうご》」です。元気で「いる」のかをたずねているということは、元気で「いる」のかどうかは相手の動作であるわけです。話題の中で動作をする人物を敬《うやま》う敬語《けいご》は「尊敬語《そんけいご》」ですから、「いる」の尊敬語《そんけいご》である「いらっしゃる」を使って直しましょう。(2)「行く」のは「私《わたし》」ですから、謙譲語《けんじょうご》を使う必要があることが分かります。ア・ウ・エは、いずれも尊敬語《そんけいご》です。(3)「お目にかかる」は、「会う」の謙譲語《けんじょうご》です。動詞《どうし》の中には「お(ご)〜する」という形で謙譲語《けんじょうご》にできるものもあります。

7 情景《じょうけい》と心情《しんじょう》

標準レベル＋

36・37ページ

1
問一 例コンクリートパイプの中にシロちゃんの姿はなかったということ。
問二 ア
問三 イ
問四 ・例ネコのベッド ・例ネコのエサ入れ ・例キャットフードの袋(順不同可)
問五 ウ

考え方

1
問一 ――線①の直前と、直前の文の内容《ないよう》に着目しましょう。ここでの「無駄《むだ》」な行動がどのようなものかといえば、直前から「ほかのパイプの中ものぞいてみた」ことであると分かります。そして、なぜ保《たもつ》がパイプの中をのぞいていたのかについては、直前の文から「シロちゃんの姿《すがた》」を確認《かくにん》するためであることが分かります。つまり、シロちゃんがいるかもしれないので「ほかのパイプの中ものぞいてみた」ものの、結局「シロちゃんの姿《すがた》」を確認《かくにん》することができなかったので、それは結果的には「無駄《むだ》だった」わけです。

「シロちゃん」という語句《ごく》が必要です。また、「姿《すがた》はなかった」という内容《ないよう》も必要ですが、「いなかった」「見つからなかった」などのように同じような内容《ないよう》で書かれていれば正解《せいかい》です。

問二 ――線②の直後の省吾《しょうご》の発言に着目しましょう。「(シロちゃんは)まだ、戻《もど》ってないみたいだなあ」と言っていることから、省吾《しょうご》がどうして資材《しざい》置き場に「わざわざ遠回りしてやってきた」のかが読み取れます。省吾《しょうご》はシロちゃんのことが心配で、「登校の途中《とちゅう》、わざわさ遠回り」してまで、「シロちゃんが戻《もど》ってきていないかを確認《かくにん》するため」にここへきたわけです。

問三 ――線③の二つ後の文から、シロちゃんは、省吾《しょうご》や保《たもつ》たちが呼《よ》ぶと「いつもなら、どこからか、……姿《すがた》を現《あらわ》す」ことが読み取れます。省吾《しょうご》は、シロちゃんがここから逃《に》げ出したことを知ってはいるものの、もしかするといつものように姿《すがた》が見えないだけで、呼《よ》べば姿《すがた》を現《あらわ》してくれるかもしれないという可能性《かのうせい》を願って、シロちゃんの名前を呼《よ》んでいると考えられますから、**イ**が正解《せいかい》であることが分かります。

問四 「これ(ら)」のような指し示《しめ》す言葉(こそあど言葉)は、基本的《きほんてき》にはそれより前の言葉を指しています。――線④の前に「保《たもつ》はネコのベッドとエサ入れ、それにキャットフードの袋《ふくろ》を持ち出した」とあり、「これら」が「ネコのベッドとエサ入れ、それにキャットフードの袋《ふくろ》」を指していることが分かります。

「ネコのベッド」「ネコのエサ入れ」「キャットフードの袋《ふくろ》」の三つ全てが必要です。ただし、「ネコ(の)」と「(の)袋《ふくろ》」はなくても正解《せいかい》です。

問五 ――線⑤の直後の文に「まるで保《たもつ》たちの気持ちそのままの空模様《そらもよう》だった」とあることに着目しましょう。ここから、――線⑤で示《しめ》された空の様子は、そのまま保《たもつ》と省吾《しょうご》の気持ちを表していることが分かります。

空に「灰色《はいいろ》の雲」がひろがると、太陽の光をさえぎり、世界は暗く、どんよりしたものになります。空がくもっていることがいつも暗い気持ちを表すわけではありません。ただ、ここにいたるまでの文章の内容《ないよう》から、二人は、いなくなってしまったシロちゃんのことをとても心配しており、気持ちが落ちこんでいることが読み取れます。

そのため、ここでの空に「灰色《はいいろ》の雲がひろがってい」る様子とは、どんよりと落ちこんでいる気持ちを表しているといえますから、**ウ**が正解《せいかい》であることが分かります。

! 注意する言葉
空模様《そらもよう》

❶ 問一 例おたがいをよく知っているようでいて、実はよくわからない存在。(30字)
問二 本当
問三 生きいきとしている
問四 エ
問五 ウ

考え方

❶ 問一 サキが、ユウキのことをどのように思っているのかについては、第一・第二段落《だんらく》に述《の》べられています。特に第二段落《だんらく》では、「……サキにはあまりユウキのことが、よくわからなかった」と述《の》べており、最終的には「……よく知っているようでいて、かえってなにを考えているか、さっぱりわからないものなのかもしれない」とまとめています。結局のところ、サキにとってユウキは「よくわからな」い、あるいは「さっぱりわからない」存在《そんざい》なのです。

「知っている」という語句《ごく》が必要です。また、「よくわからない」という内容《ないよう》も必要ですが、「さっぱりわからない」という内容《ないよう》でも正解《せいかい》です。

問二 ② のある段落《だんらく》の直前の段落《だんらく》に「サキはそういいながら、本心とはちがうことをいってる、と思った」とあることに着目しましょう。サキは佐久間《さくま》さんの語りかけに対して「本心とはちがうことをいってい る」と思っていたので、「本心」をきちんと「いわなくちゃ」と思っているわけです。ただし、書きぬくのは「ここより後の文章中」なので、「本心」では不適当《ふてきとう》です。「本心」とは「本当の心(気持ち)」という意味ですから、②には「本当」が入ることが分かります。

問三 山荘《さんそう》にきたユウキの様子を、サキがどう感じているのかを読み取りましょう。第一段落《だんらく》でサキが「もともと、ユウキは山だとか、自然の中にいるほうが楽しそうだし、生きいきとしている」と思っているのは、山荘《さんそう》にきたユウキの様子が、そのことを思い出させたからだと考えられます。第一段落《だんらく》の一文目には「ユウキは、空気のきれいなこのあたり(＝山荘《さんそう》とその周辺)で、ほんものの星を見たかったのかもしれない」と述《の》べられており、山荘《さんそう》の周辺は空気がきれいで、自然が豊《ゆた》かな場所であることが分かります。そのため、山荘《さんそう》という「自然の中にいる」ユウキの様子を、サキは「生きいきとしている」ように感じているのです。

問四 「雪」が「空からふって」くる様子を表すのに適当《てきとう》な言葉を選びましょう。エ「ちらちら」は、雪や花などの軽く小さなものがゆれ動きながら落ちる様子を表す言葉なので適当《てきとう》です。ア「めらめら」は、火が勢《いきお》いよく燃《も》えている様子や、やる気に満ちている様子を表す言葉なので不適当《ふてきとう》です。イ「ずんずん」は、物事が勢《いきお》いよく進んでいく様子を表す言葉で、「雪がずんずん積もる」のような使い方はしますが、サキやユウキの様子から、雪がふる様子は吹雪《ふぶき》のような激《はげ》しいものではないようなので不適当《ふてきとう》です。ウ「ごろごろ」は、大きくて重い物が転がる様子を表す言葉なので不適当《ふてきとう》です。

問五 人の心の働きを通して味わわれる景色や場面のことを「情景《じょうけい》」といい、「情景《じょうけい》」は、しばしば登場人物の心情《しんじょう》を表します。

冷たかった雪が手のひらで温まってとける様子からは、気持ちが温まってやわらいでいくことが想像《そうぞう》できます。また、——線⑤の前までのサキは、佐久間《さくま》さんと「本心」で話したいと思いながら、それができていません。ところが手のひらでとける雪を見ているうちに、「ここに来られてよかった」と「本当の気持ち」を話せており、ここからも手のひらで雪がとけるように、「気持ちがやわらいで」いることが読み取れるので、ウが正解《せいかい》であることが分かります。

「情景《じょうけい》」の表す心情《しんじょう》は、「晴れ＝うれしい」「雨＝悲しい」というように、パターンで考えがちですが、実際《じっさい》は必ずしもそうとは限《かぎ》りません。「情《じょう》景《けい》」から心情《しんじょう》を読み取る場合は、「情景《じょうけい》」だけでなく、文章全体、特に「情景《じょうけい》」の前後の内容《ないよう》をよく読んで、心情《しんじょう》を想像《そうぞう》すると良いでしょう。

8 心情《しんじょう》の移《うつ》り変わり

標準レベル＋

40・41ページ

1 問一 もう来てる

問二 エ

問三 例とまどっている。（8字）

問四 (1)イ

(2)ウ

考え方

1 問一 ――線①の直後の二文に「ひょっとして、やっぱりもう来てるとか？ あたしがさっき見た時には、本棚《ほんだな》にかくれて見えなかったとか？」とあることに着目しましょう。「あたし（柚希《ゆずき》）」は、だれかを待っていて、その人物が、実は図書館に「もう来てる」ため、「図書館の中」にいるかもしれないという思いから「図書館の中をのぞ」いていることが分かります。

そのだれかについて後の文では「待ちこがれていたその人」と述《の》べており、「待ちこがれていたその人」がだれなのかについては、さらに後の文から「幸哉《ゆきや》くん」であることが分かります。

問二 「バッグ」から「小さな紙袋《かみぶくろ》を取り出す」柚希《ゆずき》が、どんな様子であるのかを想像《そうぞう》しましょう。「小さな紙袋《かみぶくろ》」とは、後の内容《ないよう》から幸哉《ゆきや》くんへのおくり物であることが読み取れます。ちなみにこのおくり物は、本文の前の説明から「バレンタインデー」のおくり物だと分かります。

図書館の中に入ろうとする幸哉《ゆきや》くんに対して、柚希《ゆずき》は、人のいる図書館ではなく、ここでおくり物をわたしたいと思っており、そこで「思わず、幸哉《ゆきや》くんの腕《うで》をつかんで」引きとめたうえで、おくり物をわたそうとしているのです。幸哉《ゆきや》くんが図書館に入る前に急いでおくり物をわたそうとしているわけですから、その様子は「あわてて」いたであろうことが想像《そうぞう》できます。

問三 「これ」とは、柚希《ゆずき》が「幸哉《ゆきや》くんの目の前につき出」した「小さな紙袋《かみぶくろ》（バレンタインデーのおくり物）」のことです。柚希《ゆずき》は「待って！」と言っていきなり小さな紙袋《かみぶくろ》を目の前につき出しており、それがバレンタインデーのおくり物であるとか、幸哉《ゆきや》くんへの自分からのおくり物であるということは全く言っていません。そのため幸哉《ゆきや》くんはとまどっており、それが表情《ひょうじょう》に表れて「とまどったような表情《ひょうじょう》であたしを見てい」たわけです。

「とまどう」という内容《ないよう》が書かれていれば正解《せいかい》です。また、「まごつく」「こまっている」などのように同じような意味で書かれていれば正《せい》解《かい》です。文末に「。」のないものは、不正解《ふせいかい》や減点《げんてん》の対象《たいしょう》になる場合もあるので注意しましょう。

問四 何もない状態《じょうたい》から登場人物の心情《しんじょう》が移《うつ》り変わるということはほとんどなく、多くの場合は、場面や状況《じょうきょう》の変化に反応《はんのう》する形で登場人物の心《しん》情《じょう》も移《うつ》り変わります。場面や状況《じょうきょう》と柚希《ゆずき》の心情《しんじょう》を対比《たいひ》させながら読み進めましょう。

バレンタインデーのおくり物を受け取ってもらうまでの柚希《ゆずき》は、ずっと落ちつきがなく、おくり物をわたす段階《だんかい》になると、「お願い！ 受け取って！」と強く願っています。バレンタインデーにおくり物をおくるということには、相手に好意を伝えるという側面があり、柚希《ゆずき》は、幸哉《ゆきや》くんが自分のおくり物、つまり好意を受けいれてくれるのかがずっと「不安」で落ちつきを失っていたことが想像《そうぞう》できます。

その不安が、幸哉《ゆきや》くんが笑顔《えがお》を浮《う》かべ、「ありがとう、北原《きたはら》さん」と言って受け取ってくれたことで一気に解消《かいしょう》され、「もう、この笑顔《えがお》、最高！ その瞬間《しゅんかん》、あたしは、体がふわふわとうき上がるような気持ちがした」と、かなり「興奮《こうふん》し」ていることが読み取れます。

！注意する言葉 待ちこがれる

❶ 問一 例幸哉くんがいるかどうか

問二 例幸哉と学校で会えなくなることがさびしいという気持ち。

問三 エ

問四 (1)ア (2)空をながめ

考え方

❶ 問一 ——線①の直後の文に「そっと教室をのぞいてみたけれど、すでにだれもいなかった」とあることに着目しましょう。ここから「あたし(柚希《ゆずき》)」が「……六年二組の教室へと向かった」理由は、「教室をのぞいて」だれかがいる(あるいはいない)のを「確認《かくにん》するため」であったことが分かります。

柚希《ゆずき》は「昼休み」と「放課後」に「図書館」で幸哉《ゆきや》くんがやってくるのを待っていましたが、結局、かれがやってくることはなかったので、六年二組の教室(文章中で明言されてはいませんが、文脈《ぶんみゃく》から幸哉《ゆきや》くんのクラスであることが想像《そうぞう》できます)まで行って幸哉《ゆきや》くんがいるのかどうかを確認《かくにん》したのです。

「幸哉《ゆきや》(くん)」という語句《ごく》が必要です。また、「いるかどうか」という内容《ないよう》も必要ですが、「いないかどうか」のように同じような内容《ないよう》で書かれていれば正解《せいかい》です。「……を確認《かくにん》するため。」と自然につながっていないものは不正解《ふせいかい》です。

問二 ——線②の直後の文で、美彩《みさ》さんが「やっぱり、幸哉《ゆきや》も同じ学校、受験できればよかったって思っちゃう」と言っていることに着目しましょう。この言葉から、幸哉《ゆきや》くんと美彩《みさ》さんは、中学校は別々の学校に通うのだということが分かります。そして、美彩《みさ》さんの後の発言から、小学校を卒業すると「もう、学校で会えなくなる」ので、そのことを「さびしく」思っているのだということが読み取れます。

「さびしい」という語句《ごく》が必要です。また「(もう)学校で会えなくなる」という内容《ないよう》も必要です。同じ内容《ないよう》を表していれば、言い方がちがっていても正解《せいかい》です。文末は、「……という気持ち。」ではなく、「……さびしい。」としていても正解《せいかい》です。文末に「。」のないものは、不正解《ふせいかい》や減点《げんてん》の対象《たいしょう》になる場合もあるので注意しましょう。

問三 ③ の直前の文に「その後、あたしはどうやって階段《かいだん》を下りて、学校を出たのか、記憶《きおく》がなかった」とあることに着目しましょう。「記憶《きおく》がなかった」ということは、その間の自分がしていたことに対して、自覚や意識《いしき》がなかったということです。つまり、柚希《ゆずき》は無意識《むいしき》のうちに「階段《かいだん》を下りて、学校を出」ており、「学校裏《うら》の花月《かげつ》公園に立って、学校を見下ろしていた」とき、ようやく正気を取りもどし、「気がついた」わけです。そのような状況《じょうきょう》を表すのにふさわしい言葉を選びましょう。「はっと」とは、急に気がついたり、我《われ》に返ったりする様子を表す言葉です。

問四 場面や状況《じょうきょう》の変化に着目して、そのときの心情《しんじょう》の移《うつ》り変わりを読み取りましょう。

(1)問三からも分かるように、幸哉《ゆきや》くんと美彩《みさ》さんの会話を聞いた柚希《ゆずき》は、その後しばらく記憶《きおく》がなくなるほど強いショックを受けており、この会話を聞いたことが、心情《しんじょう》が移《うつ》り変わるきっかけであると分かります。その会話を聞くまでの柚希《ゆずき》は、ホワイトデーのお返しがないことに、「失恋《しつれん》ってことになるのかな」「なんだかがっかり」などと、失恋《しつれん》したという可能性《かのうせい》に少し落ちこんでいる程度《ていど》ですが、幸哉《ゆきや》くんと美彩《みさ》さんの会話から二人がつきあっていることを知り、自身の失恋《しつれん》を「確信《かくしん》」したことで、心情《しんじょう》は絶望的《ぜつぼうてき》なものへと移《うつ》り変わっているのです。

(2)幸哉《ゆきや》くんと美彩《みさ》さんの会話を聞いた後の柚希《ゆずき》の気持ちを情景《じょうけい》で表す言葉を探《さが》しましょう。最後から三つ目の段落《だんらく》に「なんだかあたしの気持ちみたいだ」とあり、その直前の文の空模様《そらもよう》が、情景《じょうけい》として柚希《ゆずき》の気持ちを表していると分かります。

9 人物像《じんぶつぞう》

標準レベル＋

44・45ページ

1 問一 できないままのこと
問二 イ
問三 エ
問四 ネバーギブアップ
問五 ウ

考え方

1 問一 ——線①のような発言をした直後に「ぼく(ジュン)」は、「でも、そう言いながら、……」と本音のような心情《しんじょう》を述《の》べています。ジュンは、自分を「へなちょこじゃない」と言いながらも、頭の中には「とび箱や水泳のクロール、さかあがりやなわとびの二重とびといった、いまだにできないままのことが、つぎつぎとうかんでき」ています。「つぎつぎとうかんで」くるほど「できないままのこと」がたくさんある自分に対して、口では「へなちょこじゃない」と言いながらも、実はミキが言う通り「へなちょこ」なのかもしれないと「不安になっている」わけです。

問二 ——線②の直前の文に「わたし知ってるもん」とありますが、これは、「山下《やました》先生なら」、「ぜったい」に「言ったことはちゃんと守る」のをミキが知っているということです。ミキが、——線②のような条件《じょうけん》を示《しめ》せるのは、言ったことはぜったいに守る山下《やました》先生なら、たとえどしゃぶりの日であったとしても、トレーニングのために公園にいるはずだという確《かく》信《しん》があるからです。つまり、ミキはこんな条件《じょうけん》を示《しめ》すことができるほど、山下《やました》先生を「心の底から信頼《しんらい》している」ということが読み取れます。

問三 あえて「六時をすぎていた」と時間を示《しめ》している意味をふまえて考えてみましょう。本文の前の説明から、いつものトレーニングは「六時」からなので、トレーニングにおくれていることが分かります。

また、——線③の直前の文に「ミキねえちゃんに、むりやりおこされたぼくは、ほおをふくらませたまま着がえた」とあり、「こんなどしゃぶりじゃあ、トレーニングはできないだろう」と思い、山下《やました》先生が公園にいるのかを疑《うたが》っているジュンは、「トレーニングに行くのは気が進まない」のです。「気が進まない」とは、何かを進んでやろうとは思わないという意味です。

問四 ［④］の直前に「ミキねえちゃんが言いかけたのをさえぎって、ぼくは、大きな声でこたえた」とあることに着目しましょう。ジュンがだれに「こたえた」のかといえば、公園で自分たちをまっていてくれた山《やま》下《した》先生に対してで、山下《やました》先生はジュンたちを見るなり、「ネバーギブアップ！」と言っています。「『おはよう』より先に」出てきたその言葉に、ジュンもあいさつを返すように、また、自分が先生を信じていなかったことをごまかすように「ネバーギブアップ！」と大きな声で言い返しているのです。

問五 登場人物の人物像《じんぶつぞう》は、その言動によって形作られています。その人物(ここでは山下《やました》先生)が、どのようなことを言い、どのようなことをしているのかを読み取って考えましょう。

「どしゃぶりの雨の中、(山下《やました》)先生は、かさをさして、ぼくらをまっていてくれた」とありますが、公園に行ってもどしゃぶりの雨の中では、まともにトレーニングはできませんから、ふつうに考えれば休みにしてもよいはずです。しかし山下《やました》先生は公園に来て、ジュンたちを見るなり、あいさつがわりに「ネバーギブアップ！」と言っています。

行動することを無理だとか無駄《むだ》だとか思わず、ネバーギブアップ(決してあきらめない)の気持ちでいどむ大切さを、山下《やました》先生はどしゃぶりの雨の中でも、トレーニングのために公園に来るという行動によって示《しめ》しています。つまり、「大切なこと」を「自らの行動によっても示《しめ》」しているわけで、山下《やました》先生はそのような人物であることが分かります。

ハイレベル ＋＋

46・47ページ

❶ 問一 例 牛乳を飲みにきた。
問二 (初め)散歩の (終わり)ていた
問三 ア
問四 ぼくはくちびるをつきだした。
問五 エ

考え方

❶ 問一 その後の「姉ちゃん」の行動に着目しましょう。姉ちゃんは「ぼく(喜一《きいち》)」と会話をしながら「キッチンへ行」き、そこで「牛乳《ぎゅうにゅう》をグラスに注」いでいますから、牛乳《ぎゅうにゅう》を飲むためにやってきたと考えられます。「牛乳《ぎゅうにゅう》」という語句《ごく》が必要です。また、「飲みにきた」という内容《ないよう》も必要ですが、「いれにきた」「取りにきた」などのような内容《ないよう》で書かれていても正解《せいかい》です。文末に「。」のないものは、不正解《ふせいかい》や減点《げんてん》の対象《たいしょう》になる場合もあるので注意しましょう。

問二 「ぼーっと」するとは、何もせずにぼんやりしている様子を表す言葉で、姉ちゃんには「ソファーの上」の喜一《きいち》がそのように見えたわけです。

人がぼーっとしているように見える場合には、主に二つのパターンがあります。一つは本当にぼーっとしている場合ですが、もう一つに考え事をしている場合があります。というのも、人は考え事をしているとき、頭を使っているかわりに体はほとんど動きませんから、一見すると何もせずにぼんやりしているように見えることがあるわけです。

喜一《きいち》が「ぼーっとして」いるように見えたのも後者で、喜一《きいち》は「散歩のときにきわ子《こ》さんがいってたことばの意味を考えていた」ために「ソファーの上」でじっとしており、周り(姉ちゃん)から見ると、そのように見えたのです。字数指定があるので、それをヒントに探《さが》すとよいでしょう。

問三 姉ちゃんが喜一《きいち》のことをどのように「見た」のかを想像《そうぞう》しましょう。直後に姉ちゃんは「うるさいな」と言っており、喜一《きいち》に対していら立っていることが読み取れます。

「(家族なのに)役に立つとか立たないとか(考えるのはさびしい)」という自分の言葉に対して「姉ちゃん、ぼくに『役に立たない』って怒《おこ》るじゃん」と言い返されたことに、姉ちゃんはいらだっているのです。「ぎろっと」とは、いかりなどの強い感情《かんじょう》で相手を見る様子を表す言葉です。

問四 「むっかー」がどのような気持ちを表しているのかを考えましょう。喜一《きいち》はその直前に姉ちゃんから「じっさい、あんた役に立ってない」と言われていますから、このようなことを言われたら、どのような気持ちになるのかを想像《そうぞう》するとよいでしょう。「むっかー」という言葉は、ふつうの辞書にはのっていませんが、似《に》たひびきの言葉に「むかむか」「むかつく」などがあり、姉ちゃんから言われたことをふまえて考えると、同じような意味で使われていることが分かります。喜一《きいち》は腹《はら》を立てているのです。

すねたり怒《おこ》ったりしたときの態度《たいど》に「くちびるをつきだ」すというものがあり、慣用的《かんようてき》に「くちびるをとがらす」とも言われます。

「一文で書きぬきなさい」とあるので、「。」まで書きぬいていないものは不正解《ふせいかい》になるので注意しましょう。

問五 この文章は基本的《きほんてき》に喜一《きいち》と姉ちゃんとの会話なので、姉ちゃんの発言を注意して読み取り、人物像《じんぶつぞう》をとらえましょう。

姉ちゃんは、喜一《きいち》に「役に立たない」と言ったり、喜一《きいち》に「姉ちゃん、ぼくに『役に立たない』って怒《おこ》るじゃん」と言い返されると「うるさい」と言ったりするなど乱暴《らんぼう》なところはありますが、同時に、同じ家族で「役に立ちたい」というような遠慮《えんりょ》の気持ちはもってほしくないとも考えており、家族に対する思いやりの心をもっていることが分かります。

❗注意する言葉 ぼーっとする　ぎろっと

チャレンジテスト

48～51ページ

1

問一　首

問二　例由衣には話せるような気がしている

問三　イ

問四　ウ

問五　言葉を交わさなくても、おたがいの気持ちが感じ取れる（25字）

問六　例美織の寝言の内容が気になっていたということ。（22字）

問七　イ

問八　ア

問九　思いもよら

問十　エ

考え方

1

問一　①の直後に、美織《みおり》が「なんでもないよ」と答えていることに着目しましょう。「首をたてにふる」は肯定《こうてい》、「首を横にふる」は否定《ひてい》の意味を表します。

問二　――線②の直後の段落《だんらく》で美織《みおり》の心情《しんじょう》が説明されています。それまでの美織《みおり》は「パパの話をだれにも話そうとはしなくなってい」ましたが、「由衣《ゆい》のやさしい言葉」に「自分でも不思議なくらい、何でも話せるような気がしてい」るのです。

「由衣《ゆい》」という語句《ごく》が必要です。また、空欄《くうらん》の後には「。」があるので、「。」を書きこんでいるものは不正解《ふせいかい》になるので注意しましょう。

問三　「美織《みおり》の言葉」に由衣《ゆい》がどう対応《たいおう》しているのかを想像《そうぞう》しましょう。「あの……」「私《わたし》――」「なんだけど……」という、たどたどしい美織《みおり》の話しぶりに対しても、由衣《ゆい》はせかしたり余計《よけい》なことを言ったりせずに「落ち着いた表情《ひょうじょう》」でちゃんと話し終わるまで「じっと待って」います。

問四　――線④の直後の文に「自分の口から、おどろくほど自然に言葉が出てくるのを感じた」とあることに着目しましょう。今までずっと話すことが「つらかった」はずの「パパの話」が「おどろくほど自然に」できている美織《みおり》の様子は、とても「おだやか」だったことが想像《そうぞう》できます。

問五　――線⑤の直後の文に「二人とも、しばらく何も話さなかったけれど、ぜんぜん重苦しい雰囲気《ふんいき》ではなかった」とあり、その理由は、――線⑤の二つ後の文から「言葉を交《か》わさなくても、おたがいの気持ちが感じ取れるようだった」ためだと分かります。

問六　――線⑥の直後の由衣《ゆい》の発言に着目しましょう。由衣《ゆい》は美織《みおり》の「パパ、行かないで！」という「寝言《ねごと》」を聞き、なぜ美織《みおり》がそんなことを言うのか、パパとの間に何があったのかが「すごく気になって」いるのです。

問七　――線⑦の直後の段落《だんらく》に着目しましょう。「え？　もしかして、あの夢《ゆめ》？　あの夢《ゆめ》を――知らないうちに見てるってこと？」と、美織《みおり》は寝《ね》言《ごと》のことを知り、おどろきあわてて、頭に「？」がたくさんうかんでいます。そのために美織《みおり》は、「目を丸くし」ているのです。

問八　――線⑧の直前の由衣《ゆい》の発言に着目しましょう。由衣《ゆい》は、美織《みおり》を心配して「こっそり様子を聞きにきた」岳《たける》に対し、「直接《ちょくせつ》聞けばいいのに」と批判《ひはん》めいたことを言っていますが、「クスリと笑っ」ており、実は岳《たける》のやさしさを好ましく感じていることが分かります。

問九　ここでいう「温かい気持ち」とは、「うれしいような、はずかしいような」気持ちのことで、そうした気持ちになったのは、――線⑨の直前の文にあるように「岳《たける》と由衣《ゆい》のやさしさが美織《みおり》の中にしみこんできた」からです。

問十　由衣《ゆい》の会話のしかたに着目しましょう。由衣《ゆい》は自分の気になることをずけずけ聞くのではなく、しっかり美織《みおり》の話を聞いたうえで、寝言《ねごと》のことを話しており、相手の気持ちに寄《よ》りそう人物像《じんぶつぞう》が表れています。

10 筆者の経験《けいけん》と考え

標準レベル＋

52・53ページ

1 問一 ウ
問二 (1)バンバ
(2)映画を観ること（7字）（映画を観る）（5字）
問三 イ
問四 エ

考え方

1 問一 ①の直前に「世の中全体がそんなふう」とあることに着目しましょう。ここでの「そんな」は、①の直前の文にある「休みなしで懸命《けんめい》に働いていた」を指しています。筆者の「父」と「母」は、「休みなしで懸命《けんめい》に働いていた」わけですが、当時は「世の中全体」が「休みなしで懸命《けんめい》に働いていた」わけですから、筆者の両親の働きぶりは、ある意味ふつうのものであった、つまり「特別」なものではなかったわけです。

問二 (1)――線②の直後の段落《だんらく》の内容《ないよう》に着目しましょう。字数をヒントにふさわしい言葉を探《さが》すとよいでしょう。ただし、そのときに注意しなければいけないのは、意味が近い同じ字数の言葉を書きぬいてしまうことです。たとえば「宇都宮《うつのみや》」や「繁華街《はんかがい》」は、どちらも三字で場所を表す言葉なので、ふさわしいように思うかもしれませんが、そうではありません。

筆者が「遊びにいった」「街」とは、「二荒山《ふたあらやま》神社の前の馬場町《ばばちょう》あたり」にある「宇都宮《うつのみや》の繁華街《はんかがい》」であり、その「街」が「バンバ」と呼《よ》ばれていたわけです。つまり、「(筆者が遊びにいった)街」＝「二荒山《ふたあらやま》神社の前の馬場町《ばばちょう》あたり」＝「宇都宮《うつのみや》の繁華街《はんかがい》」＝「バンバ」であるので、三字で言い表せるのは「バンバ」だけだと分かります。

(2)――線②の三つ後の段落《だんらく》に「子供《こども》の私《わたし》の最大の楽しみは、映画《えいが》を観《み》ることであった」とあります。「映画《えいが》を観《み》ること」「映画《えいが》を観《み》る」のどちらでも正解《せいかい》ですが、「……楽しみは何をすることですか」という問い方をしているので、「……こと」まで書きぬかないと減点《げんてん》されたり不正解《ふせいかい》になったりすることもあるので注意しましょう。

問三 「上野《うえの》デパート」というデパート(店)に対し、人間のように「さん」を付けて呼《よ》んでいることに着目しましょう。人でないものを人のようにあつかう表現の方法を「擬人法《ぎじんほう》」と呼《よ》びますが、擬人法《ぎじんほう》の効果《こうか》の一つに、対象《たいしょう》に「親しみ」をもたせるというものがあります。宇都宮《うつのみや》の人々が、親しみの気持ちから自然と「上野《うえの》デパート」に「さん」を付けているのは、それに近いものであると想像《そうぞう》できます。

また、――線③の二つ後の文に着目しましょう。「最近は、古くから愛された老舗《しにせ》も東京資本《しほん》に押《お》され気味である」とあり、「老舗《しにせ》(＝上野デパート)」が、宇都宮《うつのみや》の人々から愛されているということが読み取れます。「愛する」には、対象《たいしょう》をとりわけ好んで「親しむ」という意味があります。

問四 この文章の一文目に「子供《こども》の頃《ころ》の私《わたし》には、オムライスが何よりのご馳走《ちそう》であった」とあります。また、子供《こども》の頃《ころ》の筆者にとってオムライスは、家族で「街に遊びにいった」ときに「食堂《しょくどう》」で食べるものであり、「家族との幸せな思い出」がセットになっている食べ物だといえるので、**エ**が適当《てきとう》であると分かります。筆者にとってオムライスは街に遊びにいったときに「年に一度ぐらい」食べるもので、「毎日のように食べて」はいないので**ア**は不適当《ふてきとう》です。また、筆者にとってオムライスは「食堂《しょくどう》」で食べるもので、「父の得意料理《とくいりょうり》」ではないはずなので**イ**は不適当《ふてきとう》です。また、筆者にとってオムライスは「街に遊びにいった」ときには食べられるもので、「どうしても食べさせてもらえなかった」ものではないので**ウ**は不適当《ふてきとう》です。

! 注意する言葉 懸命《けんめい》に

ハイレベル ＋＋

54・55ページ

❶ 問一 イ
問二 ア
問三 ショックを受けた
問四 例パンツやスカートの試着でもフェイスカバーをつけていた
問五 例それに甘えて思考停止することは、楽だけれど危険である（26字）

考え方

❶ 問一 ――線①の直前の段落《だんらく》に着目しましょう。筆者は「『きまりごと』をきちんと守らないと、ちゃんとした人間になることができない」という思いを「強迫観念《きょうはくかんねん》」のように感じています。「きまりごと」と「ルール」はほぼ同じ意味の言葉なので、「ルールを真面目《まじめ》に守ってい」るときの筆者は、それを「きちんと守らないと、ちゃんとした人間になることができない」という「強迫観念《きょうはくかんねん》」で「おびえている」ということが想像《そうぞう》できます。

問二 「薄《うす》い紙でできてい」る「フェイスカバー」の様子を表すのにふさわしい言葉を選びましょう。ア「ひらひらと」は、紙や葉などの薄《うす》いものが小刻《きざ》みにゆれ動く様子を表す言葉なので適当《てきとう》です。イ「くらくらと」は、めまいを起こしてたおれそうになる様子を表す言葉なので不適当《ふてきとう》です。ウ「だらだらと」は、液体《えきたい》が流れ続ける様子を表す言葉なので不適《ふてき》当《とう》です。エ「ゆらゆらと」は、物がゆっくりと大きくゆれ動いている様子を表す言葉なので不適当《ふてきとう》です。

問三 ――線③の直前の文が「フェイスカバーをつけていない！」であることに着目しましょう。「！」は、そこにおどろきや強い感情《かんじょう》があることを表しています。「試着の際《さい》には、フェイスカバーを必ずご利用ください」という「ルール」をしっかり守ってきた筆者にとって、フェイスカバーをつけずに試着するということには、「！」をつけるほどのおどろきがあるわけです。

また、「衝撃《しょうげき》」とは、急に加えられる強い力のことで、物理的な意味だけでなく、精神的《せいしんてき》な意味での急に加えられる強い力のことも表しています。つまり、「衝撃《しょうげき》を受けた」とは、「とてもおどろいた」というような意味を表しているわけですから、おどろいたという心情《しんじょう》を表す言葉を字数の指定をヒントに探《さが》すとよいでしょう。「ショック」とは、「衝撃《しょうげき》」の外来語です。

問四 「あれ」とは、「フェイスカバー」のことです。――線④と同じ段落《だんらく》の一文目に「化粧《けしょう》が洋服につかないためにフェイスカバーをつけなくてはいけない」とあることから、本来フェイスカバーは、店の服（上着）を試着するときだけつければよいと分かります。そして、基本的《きほんてき》に「パンツやスカートの試着」で洋服に化粧《けしょう》がつくことはないので、そのときにフェイスカバーをつけることは「無駄遣《むだづか》い」になるわけです。

「パンツやスカート」「フェイスカバー」という語句《ごく》が必要です。また、「試着」という内容《ないよう》も必要ですが、「……を着るとき」などのように同じような内容《ないよう》で書かれていれば正解《せいかい》です。また、「つけていた」という内《ない》容《よう》も必要ですが、「かぶっていた」などのように同じような内容《ないよう》で書かれていれば正解《せいかい》です。空欄《くうらん》の前後と自然につながっていないものは不正《ふせい》解《かい》です。

問五 最後の段落《だんらく》に着目しましょう。筆者は最後の段落《だんらく》で、試着の体験を通して得《え》た感想を「とにかくルールを守ればいいというわけではない」、「ルールに甘《あま》えて思考停止《ていし》することは、楽だけれど危険《きけん》なことだ」と説明しています。筆者の結論《けつろん》や感想は、多くの場合は文章の後半に述《の》べられているので、このような問いが出た場合には、特に最後の段落《だんらく》に着目するとよいでしょう。

「思考停止《ていし》」「危険《きけん》」という語句《ごく》が必要です。また、「甘《あま》えて」の内容《ないよう》は「頼《たよ》って」などのように書かれていても正解《せいかい》です。空欄《くうらん》の前後と自然につながっていないものは不正解《ふせいかい》です。

チャレンジテスト

56・57ページ

1
問一　すばらしい
問二　例あふれるほどクリームがいっぱい入っている
問三　ウ
問四　ア
問五　例欲しいほどのものは、なかなか与えられないことを教えてくれた(29字)

考え方

1 問一　筆者が「ここ(アンジェラス)で買ったクリームパン」をどのようなものと感じているのかを、指定された字数をヒントに読み取りましょう。――線①の直後の二文から、アンジェラスのクリームパンは、「あとからあとから、おいしいクリームがあふれるほどに出て」くる、「あとにもさきにも」「食べた覚えがない」「すばらしい」ものであったことが分かります。

問二　筆者は、アンジェラスのクリームパンを食べたことによって、「長い間の、クリームパンへの思いが、いっきょに満たされたように思った」わけですから、アンジェラスのクリームパンは、筆者のクリームパンへの理想が、そのまま実現《じつげん》したようなものであったことが分かります。そのため、アンジェラスのクリームパンの特徴《とくちょう》は、そのまま筆者の「理想のクリームパン」についての説明になるので、アンジェラスのクリームパンがどのようなものであるのかを、――線②の直前の段落《だんらく》からとらえましょう。

「クリーム」という語句《ごく》が必要です。また、「あふれる」「いっぱい」の内容《ないよう》はどちらかだけあれば正解《せいかい》です。また、「あふれる」の内容《ないよう》は「こぼれる」など、「いっぱい」の内容《ないよう》は「たくさん」などのように同じような内容《ないよう》で書かれていれば正解《せいかい》です。空欄《くうらん》の前後と自然につながっていないものは不正解《ふせいかい》です。

問三　「在来型《ざいらいがた》クリームパン」とは、アンジェラスの「クリームがあふれるほどに出て」くるクリームパンのことです。筆者はそうしたクリームパンを「こしらえ」なくなったことについて、――線③の二つ後の段落《だんらく》で、「クリームパンに、クリームをあふれるほど入れると、きっと、ソロバンがあわなくなるのであろう」と考えています。「ソロバン(算盤)」とは、古くから存在《そんざい》する計算機の一種で、「算盤《そろばん》が合う(合わない)」は、慣用的《かんようてき》に利益《りえき》が出る(出ない)という意味を表します。

問四　「ため息」が出るのは、どのような心情《しんじょう》からなのかを考えましょう。ふつう「ため息」は、がっかりしたり、失望したりしたときに出るものです。ただし、安心したときや、感動したときに出ることもあるので、前後の文章からどのような意味の「ため息」であるのかを考える必要があります。

筆者が「ため息」をついたのは、アンジェラスの「あふれるクリームのクリームパンには、もはやあうことが出来ない」と知ってがっかりし、それとの「逢瀬《おうせ》」がかなわないことが「切なくなっている」からです。

問五　最後の二段落《だんらく》に着目しましょう。こどものころの筆者にとって「クリームの少ないクリームパンを食べ」るのは、「片恋《かたこい》(片思《かた》い)の練習」をすることであり、片恋《かたこい》が「こちらが欲《ほ》しいほどのものは、なかなか与《あた》えられないこと」だというのを、「クリームの少ないクリームパンを食べ」ることで「ベンキョウしていた」と語っています。つまり、筆者はクリームパンによって片恋《かたこい》というものを知り、クリームパンは、筆者に片恋《かたこい》を教えたといえます。この問いのように空欄《くうらん》に言葉を入れる場合は、空欄《くうらん》の前後の表現《ひょうげん》を確認《かくにん》しながら、それと似《に》た表現《ひょうげん》を文章から探《さが》すとよいでしょう。

「欲《ほ》しいほどのもの」という語句《ごく》が必要です。また、「与《あた》えられない」は「手に入らない」など、「教えてくれた」は「ベンキョウ(勉強)させてくれた」などのように同じような内容《ないよう》で書かれていれば正解《せいかい》です。空《くう》欄《らん》の前後と自然につながっていないものは不正解《ふせいかい》です。

11 事実と意見

標準レベル＋

58・59ページ

1 問一 イ
問二 ア
問三 例丸みのある大きなものになっていく。
問四 例巣の近くにあった青いビニール袋を材料にしているから。
問五 ウ

考え方

1 問一 ――線①の直前の内容《ないよう》に着目しましょう。「スズメバチの巣の色は、ほとんどが黄土色《おうどいろ》や茶色のため」とあります。「～ため」とは、原因《げんいん》・理由を表す言葉であり、この場合は、直前の内容《ないよう》(スズメバチの巣の色は、ほとんどが黄土色《おうどいろ》や茶色)が、直後の内容《ないよう》(「あの巣は泥《どろ》でできているのですか？」と聞かれることがよくある)の理由であることを表しています。つまり、質問《しつもん》した人たちが「巣の色」に注目していたことが読み取れ、**イ**が正解《せいかい》であることが分かります。

問二 ②の直前に「大きく(て)」とあり、直後に「巣」とあることに着目しましょう。「大きく」は「(スズメバチの)巣」がどのようなものであるのかを表している言葉で、②は「大きく」に付け加えて「巣」がどのようなものであるのかを表す言葉が入ります。大きい「巣」は、同時にどのような「巣」であるのかを考えましょう。**ア**「立派《りっぱ》な」は、堂々《どうどう》としてすぐれている様子を表す言葉であり、大きい巣への付け加えとして自然なので適当《てきとう》です。**イ**「静かな」や**ウ**「密《ひそ》かな」は、大きい巣への付け加えとしては不自然なので不適当《ふてきとう》です。**エ**「巨大《きょだい》な」は、「大きく」とほぼ同じ意味の言葉であり、大きい巣への付け加えというより、ただのくり返しになってしまうので不適当《ふてきとう》です。

また、第一段落《だんらく》の一文目に「スズメバチの巣はみごとなつくりをしています」とあり、筆者は大きな巣を「みごと」、つまり立派《りっぱ》だと思っていることが読み取れます。

問三 ――線③の直後の文に着目しましょう。「このくりかえして、巣はしだいに丸みのある大きな巣に成長していく」とあります。「このくりかえし」とは、パルプ状《じょう》になった材料を「外被《がいひ》にぬりつけて、外被《がいひ》をふくらませてい」く作業のことです。

「丸み」「大きな」という内容《ないよう》の語句《ごく》が必要です。また、「どうなっていきますか」と問われているので、「～なっていく。」のような形にしておく必要がありますが、「成長していく。」という形になっていても正解《せいかい》です。

問四 この問題が、「筆者は『巣盤《すばん》』に『青色をした部分』があるのはなぜだと考えてい」るのかを問う問題であることをふまえて、――線④の直後の二文に着目しましょう。直後の文には「……その巣の近くに青いビニール袋《ぶくろ》があったのを思い出しました」とあります。筆者はこの「事実」をもとに、最後の一文で「スズメバチは、そのビニール袋《ぶくろ》を巣の材料として使っていた」のだと「考察」しています。

「青いビニール袋《ぶくろ》」という語句《ごく》が必要です。また、「材料」という内容《ないよう》も必要ですが、「使った」のような形にしていても正解《せいかい》です。文末は、「～から。」「～からだと考えている。」のどちらの形でも正解《せいかい》です。

問五 第六段落《だんらく》に「女王バチ一匹《いっぴき》で巣をつくっているときは、……しま模様《もよう》になります」とあるので、**ウ**が適当《てきとう》であると分かります。第一段落《だんらく》に「スズメバチの巣はみごとなつくりをしています」「あまりにみごとなので、スズメバチの巣を、『奇跡《きせき》の芸術《げいじゅつ》』と呼《よ》ぶ人もいる」とありますが、「多くのコレクター」がいるかは分からないので、**ア**は不適当《ふてきとう》です。また、第五段落《だんらく》でスズメバチの巣の色のちがいは、「働きバチがとってくる、朽《く》ち木や木の皮の色のちがいによって生まれ」ると述《の》べられているので、**イ**は不適当《ふてきとう》です。また、**エ**の内容《ないよう》は文章中に述《の》べられていません。

ハイレベル＋＋

60・61ページ

❶ 問一　ウ
問二　植物
問三　例タンパクの質について。
問四　例そのタンパクのうち八七パーセントを体が利用できる
問五　エ

考え方

❶ 問一　――線①の直後の文が「たとえば、……」と書き出されていることに着目しましょう。「たとえば」とは、前の部分の内容《ないよう》に対して、後に続く内容《ないよう》が具体的な例を挙げながら説明していることを表す言葉です。――線①の直後の文には、「卵《たまご》や鶏肉《けいにく》にふくまれるタンパクは『質《しつ》のよい』ものなので、それはぼくたちの筋肉《きんにく》や血を作るのに適《てき》している」とあり、ここでいう「質《しつ》」とは、「ぼくたち(＝人間)の筋肉《きんにく》や血を作るのに適《てき》している」のかどうかで決まることが分かります。「観点」とは何かを判断《はんだん》するときに基準《きじゅん》となる見方のことです。

問二　[②]の直前の文にある「お米」「小麦粉《こむぎこ》」「コーンフレーク」に共通する分類が何であるのかを考えましょう。また、[②]の直後に「の中に入っているタンパクはどれも質《しつ》が悪い」とあるので、タンパクの「質《しつ》が悪い」ものが何かを文章中から探《さが》すと、第一段落《だんらく》の最後の一文に「お米やイモなど植物にふくまれるタンパクは一般的《いっぱんてき》に質《しつ》が悪い」とあることから、[②]には「植物」が入ることが分かります。字数に指定があるので、字数をヒントに文章を読み進めてみると良いでしょう。

問三　――線③の直前の文と直後の内容《ないよう》に着目しましょう。筆者は「ウェナニ村のサツマイモ」は、「優秀《ゆうしゅう》で質《しつ》のよいタンパクをたくさんふくんでいるのではないかと思った」から、それを日本に「持ち帰り分析《ぶんせき》」し、実際《じっさい》に「ウェナニ村のサツマイモがふくむタンパクの質《しつ》は八七点」になったという事実を発見しています。つまり、筆者は「ウェナニ村のサツマイモ」が、「質《しつ》のよいタンパクをたくさんふくんでいる」ことを証明《しょうめい》するため、「タンパクの質《しつ》」を分析《ぶんせき》したのだということが分かります。「タンパク」「質《しつ》」という語句《ごく》が必要です。また「質《しつ》」は「質《しつ》のよしあし」「質《しつ》の点数」などのような形にしていても正解《せいかい》です。

問四　タンパクの「質《しつ》」の点数がどのような「意味」をもっているのかを文章中から読み取りましょう。第二段落《だんらく》の最後の二文では、「日本のサツマイモ」を例に挙げ、それが「六五点」であること、そして「これは、(日本の)サツマイモを食べても、そのタンパクのうち六五パーセントしか体が利用できないことを意味する」と説明しています。つまり、この点数は、その食品のタンパクを人間の体が利用できる割合《わりあい》(パーセント)を表しているわけです。ここから、「八七点」の「ウェナニ村のサツマイモ」は、食べれば「そのタンパクのうち」の「八七」「パーセント」を「体が利用でき」ることを意味することが分かります。

「タンパク」「八七パーセント」「体」という語句《ごく》が必要です。また、「利用できる」という内容《ないよう》も必要ですが、「使用できる」「使える」のような形にしていても正解《せいかい》です。空欄《くうらん》の前後と自然につながる書き方でなければ不正解《ふせいかい》になるので注意しましょう。

問五　文章中の「事実」と「考察(意見)」を読み分けましょう。説明文の「考察(意見)」の多くは、「事実」をふまえたものです。今回の場合でいうと、筆者は最後の段落《だんらく》で「人間はタンパクが足りないときには、それを多くふくむものを食べたくなる性質《せいしつ》をもっているという研究もある」という事実をふまえて、「ウェナニ村の人たちは、無意識《むいしき》のうちに、自分たちが生きていくために最善《さいぜん》のサツマイモを選択《せんたく》してきたのかもしれない」という「考察」を述《の》べています。

「事実」と「考察(意見)」の読み分け方の一つとして、文末表現《ひょうげん》に着目するという方法があります。「事実」の文末は、基本的《きほんてき》に「～だ(です・である)」のような言い切りの形であるのに対して、「考察(意見)」は、「～かもしれない」「～と思う」のような形になることが多いです。

12 文章の構成《こうせい》

標準レベル＋

62・63ページ

1 問一 エ
問二 例田んぼ＝コメ作りの場というこれまでの常識に当てはまらない事例(30字)
問三 魚捕り
問四 ウ
問五 ア

考え方

1 問一 接続詞《せつぞくし》(つなぎ言葉)の問題は、説明文では必ずといっていいほど出題されます。確実《かくじつ》に解《と》けるようになりましょう。接続詞《せつぞくし》を見分けるには、その前後の内容《ないよう》がどのような関係であるのかを読み取ることが必要です。①の直前の文には、「……田んぼはコメを生産する場であるという視点《してん》しか持っていません」とあるのに対して、①の直後では「本当にそれだけの意味しかないのでしょうか」と疑問《ぎもん》を投げかけており、①の前後の内容《ないよう》は相反するものであるといえます。「しかし」は、逆接《ぎゃくせつ》の接続詞《せつぞくし》と呼《よ》ばれ、前の内容《ないよう》とは逆《ぎゃく》の内容《ないよう》が続く場合に使われます。

問二 段落《だんらく》の働きや役割《やくわり》を問われた場合は、前後の段落《だんらく》との関係に着目しましょう。説明文の段落《だんらく》の間には何らかの関わりがあるので、補足《ほそく》しているのか、反論《はんろん》しているのかなどを意識《いしき》しながら読むとよいでしょう。

[3]の段落《だんらく》は、田んぼの魚捕《と》りについての農家の人たちの発言です。[2]の段落《だんらく》で筆者は、「田んぼを耕《たがや》してきた人たちに話を聞く」という「フィールドワーク(実地調査《ちょうさ》)」で、「いわゆる田んぼ＝コメ作りの場といった、これまでの常識《じょうしき》には当てはまらない事例に数多く接《せっ》する機会があ」ったと述《の》べており、この発言はそういった事例の具体的な例であることが分かります。

「田んぼ」「事例」という語句《ごく》が必要です。空欄《くうらん》の前後と自然につながっていないものは不正解《ふせいかい》です。

問三 ②と同じ[4]の段落《だんらく》の最後の一文に「それより前(高度経済《けいざい》成長期以前)に農村やその近くで生まれ育った人ならば、ほとんどすべてといってよいほどに、田んぼや用水路で魚捕《と》りをした経験《けいけん》を持ってい」るとあり、それほどかつての日本では水田の魚捕《と》りはよく「目にする」ものであったことが分かります。

問四 [4]の段落《だんらく》に「日本の稲作《いなさく》に除草剤《じょそうざい》などの農薬や化学肥料《ひりょう》が大量に使われだすのは、一九六〇年代の高度経済《けいざい》成長期になってから」とあるので**ウ**が適当《てきとう》であると分かります。[1]の段落《だんらく》に「自然や歴史《れきし》を研究する学問の分野でも、田んぼはコメを生産する場であるという視点《してん》しか持っていませんでした」とあるので**ア**は不適当《ふてきとう》です。また、[2]の段落《だんらく》に「田んぼでの魚捕《と》りの話になった時、農家の人たちはそれまでとは打って変わって、目を輝《かがや》かせて話をしてくれたりします」とあるので**イ**は不適当《ふてきとう》です。また、[4]の段落《だんらく》に「それより前(高度経済《けいざい》成長期以前)に農村やその近くで生まれ育った人ならば、ほとんどすべてといってよいほどに、田んぼや用水路で魚捕《と》りをした経験《けいけん》を持っています」とありますが、これはあくまで「農村やその近くで生まれ育った人」であって、「ほとんどすべての日本人」とまではいえないので**エ**は不適当《ふてきとう》です。

問五 文章の構成《こうせい》を問われた場合は、段落《だんらく》と段落《だんらく》の関係や段落《だんらく》の働きに着目するとよいでしょう。

この文章は、[1]の段落《だんらく》で「田んぼはコメを生産する場であるという視《し》点《てん》しか持っていませんでした。しかし、本当にそれだけの意味しかないのでしょうか」という問題提起《ていき》を行っています。それに対して最後[5]の段落《だんらく》で「田んぼというのはけっしてコメを作るためだけの場ではなかったことがわかる」と結ばれており、[1]と[5]の段落《だんらく》は、「序論《じょろん》」に対する「結論《けつろん》」の関係になっていることが分かります。

ハイレベル＋＋　64・65ページ

❶
問一　[例]生活に必要で、だれもが欲しいと思い、なおかつ腐りにくいものであるから。
問二　ウ
問三　金、銀、銅などの金属
問四　イ
問五　[例]金や銀と交換することが保障され、お金として信用できたから。（29字）
問六　（二つ目）[5]　（三つ目）[9]

考え方

❶
問一　――線①の直後の[2]の段落《だんらく》に「つまり、……」とあることに着目しましょう。「つまり」は、後の内容《ないよう》が前の内容《ないよう》を言いかえたり、まとめたりしていることを表す接続詞《せつぞくし》です。ですから、[2]の段落《だんらく》の内容《ないよう》は、[1]の段落《だんらく》の内容《ないよう》を言いかえたり、まとめたりしていることが分かります。
[1]の段落《だんらく》では「『お金』として使われた」ものが例示《れいじ》されており、「牛や馬などの家畜《かちく》やラクダ」もその例の中の一つです。そして、それらは[2]の段落《だんらく》で「生活に必要で、だれもが欲《ほ》しいと思い、なおかつ腐《くさ》りにくいもの」であると説明されているわけです。
「なぜですか」と理由を問う問題なので、「～から」「～ため」「～ので」のように理由を表す文末になっていないものは不正解《ふせいかい》です。また、文末に「。」のないものは、不正解《ふせいかい》や減点《げんてん》の対象《たいしょう》になる場合もあるので注意しましょう。
問二　[②]の前後の内容《ないよう》に着目しましょう。[②]の直前の文には、「いまでもアフリカのマサイ族の一部では、……牛をたくさん持っている人ほどお金持ちとみなされる」とあり、[②]の直後には、「自分の所有する牛に子どもを産ませて増《ふ》やすのがとても重要」とあります。「牛をたくさん持っている人ほどお金持ち」という内容《ないよう》に対して、「牛に子どもを産ませて増《ふ》やすのがとても重要」という内容《ないよう》は当然の結果といえます。「だから」は、前の内容《ないよう》が理由となって、その自然な結果が後に続くことを示《しめ》す順接《じゅんせつ》の接続詞《せつぞくし》と呼《よ》ばれるものです。
問三　直接《ちょくせつ》には、――線③の直前の文の「金や銀」を指しています。ただし、「十字」で書きぬかなければならないので、その指定を満たす同じ意味の言葉を探《さが》す必要があります。ここでの「金や銀」とは、単に「金」と「銀」のことを表しているのではなく、「お金として使われるようになっていった」、「金、銀、銅《どう》などの金属《きんぞく》」のことを表しています。
問四　直前の[7]の段落《だんらく》に着目し、[8]の段落《だんらく》とどのように関わり合っているのかをとらえましょう。筆者は、[7]の段落《だんらく》で「金属《きんぞく》のお金、『硬貨《こうか》』にしたら、都合のいいことがたくさんあったんだ」と述《の》べた後に、[8]の段《だん》落《らく》で「第一に……。第二に……。そして第三に……。この3つだね」と述《の》べているわけですから、「この3つ」とは、金属《きんぞく》をお金である「硬貨《こうか》」にして都合がよかったことの具体的な例であるのが分かります。つまり、[8]の段落《だんらく》の内容《ないよう》は、[7]の段落《だんらく》の内容《ないよう》を「補足《ほそく》して説明している」といえます。
問五　直前の[10]の段落《だんらく》に着目しましょう。「紙そのものの価値《かち》は低い。でも、……」と、なぜ紙のお金（紙幣《しへい》）が使えるようになっていったのかが述《の》べられています。
「交換《こうかん》」「信用」という語句《ごく》が必要です。また、「なぜですか」と理由を問う問題なので、「～から」「～ため」「～ので」のように理由を表す文末になっていないものは不正解《ふせいかい》です。また、文末に「。」のないものは、不正解《ふせいかい》や減点《げんてん》の対象《たいしょう》になる場合もあるので注意しましょう。
問六　この文章を大きく三つの意味段落《だんらく》に分けると、次のようになります。
[1]～[4]＝「お金」が品物であった時代の説明。
[5]～[8]＝「金属《きんぞく》のお金（硬貨《こうか》）」の登場とその性質《せいしつ》の説明。
[9]～[11]＝「紙のお金（紙幣《しへい》）」の登場とその性質《せいしつ》の説明。

! 注意する言葉　希少　付加

13 要旨《ようし》

標準レベル＋ 66・67ページ

1
問一 ウ
問二 例熱や生命力を感じさせる色だということ。
問三 強いパワーを知っていた
問四 エ
問五 イ
問六 例魔よけをして、病気や死を防ぐ意味があったということ。

考え方

1 問一 1の段落《だんらく》の内容《ないよう》に着目しましょう。「古代エジプトの女性《じょせい》は黒色や青緑色をお化粧《けしょう》に使っていたようだが、昔のお化粧《けしょう》でよく使われていたのが、黒、白、赤の三色だった。その中で、一番使われていたのは赤色だ。」とあり、**ア**・**イ**は正しく、**ウ**は正しくないことが分かります。また、その直後の文から、**エ**は正しいことが分かります。

問二 ――線①の直前の文で、「みんなは『赤』と聞くと何を思いうかべるだろう」と問いかけていることから、――線①の内容《ないよう》は、筆者が「『赤』と聞」いて「思いうかべる」ものであると分かります。そして、「『赤』と聞」いて「思いうかべる」ものとして、――線①を示《しめ》したうえで、直後の文で「情熱《じょうねつ》の色ともいわれるが、赤は熱や生命力を感じさせる色だ」と述《の》べていますから、――線①の内容《ないよう》は、赤色が「熱や生命力を感じさせる色」であることを示《しめ》すための具体例であると分かります。

「どのようなこと」という問い方をしているので、「……(という)こと」としていれば正解《せいかい》ですが、「……(という)ことを表している」としていても正解《せいかい》です。文末に「。」のないものは、不正解《ふせいかい》や減点《げんてん》の対象《たいしょう》になる場合もあるので注意しましょう。

問三 段落《だんらく》の要点とは、その段落《だんらく》の重要な部分、まとめのようなものですから、特に段落《だんらく》の後半部分に着目するとよいでしょう。

3の段落《だんらく》は、前半の二文では赤色が「強いパワーをもつ」ことを示《しめ》し、後半の二文では「昔の人」が、その「強いパワーをもつ赤色」を『魔《ま》よけの色』として使っていた」と説明しています。

問四 ②の前後の内容《ないよう》に着目しましょう。②の直前の文には、「(悪い視線《しせん》がからだの穴《あな》から入らないように)魔《ま》よけの赤を、顔や目のまわりにぬったり、口紅《くちべに》として使ったりしていた」とあり、②の直後には、「(悪い視線《しせん》がからだの穴《あな》から入らないように)鼻と耳にはピアス、イヤリングなどをしていた」とあります。二つの内容《ないよう》は並《なら》べて述《の》べられているといえます。「そして」は、前の内容《ないよう》と後の内容《ないよう》が並《なら》べて述《の》べられていることを示《しめ》す並立《へいりつ》の接続詞《せつぞくし》と呼《よ》ばれるものです。

問五 この文章の1の段落《だんらく》は、赤色が「昔のお化粧《けしょう》」で「一番使われていた」ことを示《しめ》したうえで、「なぜ赤色がよく使われていたのだろうか」と問題提起《ていき》をしています。2の段落《だんらく》は、その理由となる「赤色がもっている力」について説明し、3の段落《だんらく》は、その内容《ないよう》を引きついで、「強いパワーをもつ赤色」が「魔《ま》よけの色」としてよく使われていたことを説明しています。それが4の段落《だんらく》になると、「なぜ魔《ま》よけの赤をお化粧《けしょう》に使っていたのだろうか？」という新たな問題提起《ていき》がされ、5の段落《だんらく》でその理由が説明されています。つまりこの文章は、1(問題提起《ていき》)2 3(1の理由説明)4(問題提起《ていき》)5(4の理由説明)という構成《こうせい》になっており、大きく分けると「1 2 3／4 5」となるわけです。

問六 文章において筆者が最も言いたいことを「要旨《ようし》」といいます。文章の結論《けつろん》や筆者の主張《しゅちょう》に当たるため、ふつうは後半(特に最後)の段落《だんらく》に述《の》べられているので、その段落《だんらく》の要点をとらえましょう。

「どのようなこと」という問い方をしているので、「……(という)こと」としていれば正解《せいかい》です。文末に「。」のないものは、不正解《ふせいかい》や減点《げんてん》の対象《たいしょう》になる場合もあるので注意しましょう。

ハイレベル ++

68・69ページ

❶ 問一 エ

問二 例これから豊かになろうとしている。

問三 例陸にうめたり、燃やしたり、「リサイクル」にまわしたりする。（29字）

問四 きちんと処理

問五 ウ

考え方

❶ 問一 1の段落《だんらく》の最後の一文に「（海に面した192カ国から2010年の1年間で出た）プラスチックごみの1・7〜4・6％が、海に流れこんでいるわけです」とあることから**エ**が適当《てきとう》です。「1・7〜4・6％」を「約2〜5％」としているのはまちがいではありません。「海に面した192カ国」は、あくまで研究者が調べた対象《たいしょう》であり、これが海に面した国の全てとは限《かぎ》らないので、**ア**は不適当《ふてきとう》です。また、「プラスチックごみは2億7500万トン」ですが、「内陸国」については述《の》べられていないので**イ**は不適当《ふてきとう》です。また、「プラスチックごみ」自体は「2億7500万トン」出ており、「1200万トン前後」ではないので**ウ**は不適当《ふてきとう》です。

問二 ——線①の二つ後の文に「上位20番目までの国は、そのほとんどが、これから豊《ゆた》かになろうとしているアジアやアフリカの途上国《とじょうこく》です」と、そうした国と、そうした国の特徴《とくちょう》が示《しめ》されています。

文末は、「……という特徴《とくちょう》がある」などとしていても正解《せいかい》です。文末に「。」のないものは、不正解《ふせいかい》や減点《げんてん》の対象《たいしょう》になる場合もあるので注意しましょう。

問三 ——線②の直前の3の段落《だんらく》に、「ごみになったプラスチックは、陸にうめたり、燃《も》やしたり、もういちど使う『リサイクル』にまわしたりして、きちんと処理《しょり》しなければなりません」と、正しいプラスチックごみの処理《しょり》の方法が説明されています。本文そのままに、「陸にうめたり、燃《も》やしたり、もういちど使う『リサイクル』にまわしたりする」と答えればよさそうですが、それだと指定の字数に収《おさ》まりません。このような場合は、必要な情報《じょうほう》だけを残すことを心がけましょう。

「（陸に）うめる」「燃《も》やす」「『リサイクル』する」という三つの内容《ないよう》を書いていれば正解《せいかい》です。また、文末に「。」のないものは、不正解《ふせいかい》や減《げん》点《てん》の対象《たいしょう》になる場合もあるので注意しましょう。

問四 「ごみ」をどうすることが「案外むずかしいもの」なのかを考えましょう。4の段落《だんらく》には、「ごみの処理《しょり》は、……後回しになってしまう」とあり、ごみの「処理《しょり》」が「案外むずかしいもの」と分かります。また、③の直後の二文では、「かつての日本」が「工場で製品《せいひん》を作るときに出る有害な液《えき》などを、そのまま川や海に捨《す》てていた」という不適切《ふてきせつ》な処理《しょり》をしていた事例を取り上げ、「ごみ」を適切《てきせつ》に処理《しょり》することが「案外むずかしいもの」であると示《しめ》しています。つまり、③には「適切《てきせつ》」に当たる意味の言葉も入ることが分かります。字数をヒントに文章中からふさわしい言葉を探《さが》しましょう。また、③の直前には「ごみ（を）」という言葉があるので、この言葉が使われている部分に着目して探《さが》してみるとよいでしょう。「きちんと」とは、よく整っていてみだれがないことや、規則《きそく》正しいことなどを表す言葉です。

問五 筆者の考察なので、文末表現《ひょうげん》に着目して、事実と主張《しゅちょう》を読み分けましょう。また、後半の段落《だんらく》に着目すると良いでしょう。

6の段落《だんらく》の最後の一文に「これらの国々だけでもプラスチックごみをきちんと処理《しょり》するようにすれば、世界のプラスチックごみは、かなり減《へ》るはずなのです」というこの文章の要旨《ようし》ともいえる筆者の主張《しゅちょう》が述《の》べられています。「これらの国々」とは、直前の文の「いまプラスチックごみをたくさん海に流してしまっている上位20カ国」のことを指しています。6の段落《だんらく》の最後の一文と同じ内容《ないよう》を表しているのは**ウ**です。

注意する言葉 リサイクル

チャレンジテスト +++

70～73ページ

1

問一 イ
問二 (地元の)伝統パスタ
問三 安定的にかなり大きなシェアーを占めながら定着した(24字)
問四 ウ
問五 わが国が長
問六 製法
問七 日本人の日常食
問八 エ
問九 ア
問十 例 外来のものを巧みに日本の食体系へと取り込んで適応させてしまう能力をもっていた(38字)

考え方

1

問一 「イタリアンレストランをつぎつぎオープンさせ」たのが、①をはさんで、「イタリアで修業《しゅぎょう》した日本人コック」か「イタリア人のコック」かを選ぶようになっています。「あるいは」は、前と後の内容《ないよう》が選ばれるものであることを示《しめ》す選択《せんたく》の接続詞《せつぞくし》と呼《よ》ばれるものです。

問二 「それ」は物事を指し示《しめ》す働きをする指示語《しじご》(こそあど言葉)と呼《よ》ばれるものです。指示語《しじご》は、同じ言葉をくり返すことをさけるために使われるものなので、指示語《しじご》の指す内容《ないよう》は基本的《きほんてき》にはそれより前にあります。当てはめてみて自然につながる言葉を、前の部分から探《さが》しましょう。

問三 要点を問う問題なので、特に後半部分に着目するとよいでしょう。②の段落《だんらく》では、「(一九)九〇年代」の日本における「イタリア料理」がどのようになっていったかが述《の》べられています。そして最後の一文で、「……イタリア料理のみが成長をつづけるのは困難《こんなん》でしたが、そのぶん、安定的にかなり大きなシェアーを占《し》めながら定着した、ともいえる」とまとめています。

問四 「パスタ製品《せいひん》の輸入《ゆにゅう》」は、「二〇八倍にな」ったとあります。また、ここまでの文章や、③の直後の文の「現在《げんざい》では、どこのスーパーでも何種類もの乾燥《かんそう》パスタ、オリーブ油が売られている」という内容《ないよう》から、筆者はイタリア料理が急激《きゅうげき》に日本に浸透《しんとう》しているのを感じていることが読み取れるので、「激増《げきぞう》(急激《きゅうげき》に増《ふ》える)」がふさわしいと分かります。

問五 ——線④の直後の文に「その背景《はいけい》には、……」とあることに着目しましょう。「背景《はいけい》」には、物事の背後《はいご》にある事情《じじょう》や原因《げんいん》という意味があるので、この後に「現象《げんしょう》(「パスタ」の新たな「国民食」化)」が「日本だけ」で起こったことについての原因《げんいん》が述《の》べられているはずです。

問六 ⑤の直後の文には、「そうめん」と「切り麦」がどのように作られるのかという「製法《せいほう》」についての説明があります。

問七 ——線⑥の直後に「(地位は)まったく揺《ゆ》るがなかった」とあるので、それ以前の麺類《めんるい》がどのような地位を確立《かくりつ》していたのかを、前の部分から探《さが》しましょう。字数をヒントに、日本人にとって麺類《めんるい》がどのような食べ物であったのかを読み取りましょう。

問八 ⑥の段落《だんらく》では「そうめん」と「切り麦(うどん・きしめん)」、⑦の段落《だんらく》では「ソバ」、⑧の段落《だんらく》では「ラーメン(類)」と「焼きそば(類)」を説明するというようにして、⑥～⑧の段落《だんらく》で「内容《ないよう》を引きついで説明を付け加え」、日本の麺類《めんるい》の歴史《れきし》を説明していることが分かります。

問九 ①の段落《だんらく》に「一九八〇年代末から、……東京を中心にイタリアンレストランをつぎつぎオープンさせ、パスタを含《ふく》む、本格的《ほんかくてき》なイタリア料理を食べさせる」とあるのでアが適当《てきとう》です。

問十 筆者は⑥～⑧の段落《だんらく》で日本の麺類《めんるい》の歴史《れきし》を紹介《しょうかい》し、そこから「日本人の元来の麺好《めんず》き」と、「外来のものを巧《たく》みに日本の食体系《しょくたいけい》へと取り込《こ》んで適応《てきおう》させてしまう能力《のうりょく》」があることを導《みちび》き出し、それが「イタリアのパスタをも日本の『国民食』へと押《お》し上げた」と主張《しゅちょう》しているわけです。
空欄《くうらん》の前後と自然につながっていないものは不正解《ふせいかい》です。特に文末は直後の「からである。」に合うように注意して書きかえましょう。

14 詩・短歌・俳句《はいく》の表現《ひょうげん》

標準レベル＋ 74・75ページ

1 問一 ア 問二 ウ 問三 かぜ

2 問一 多摩川の／砂にたんぽぽ／咲くころは／われにもおもふ／ひとのあれかし〳〵

問二 たんぽぽ 問三 エ

3 問一 まさをなる／空よりしだれ／ざくらかな〳〵

問二 しだれざくら 問三 イ

考え方

1 問一 ①の直前の行に「きれいにさいたね」とあるので、「お日さま」は、「花」を「ほめている」ことが分かります。

問二 行の終わりを「ごあいさつ」と物の名前（名詞《めいし》）で止めています。このような表現《ひょうげん》の工夫《くふう》は「体言止め」と呼《よ》ばれます。

問三 最後の二行に「かぜが／しずかに水面《みなも》を　なでていく」とあることに着目しましょう。「かぜ」にゆれる「水面《みなも》」を、かぜが水面《みなも》を「なでる」と人間の動作であるかのように表しています。

2 問二 春先に咲《さ》く「たんぽぽ」という言葉から、春が感じられます。

問三 「春のめだか」「雛《ひな》の足あと」「山椒《さんしょ》の実」に共通するものが何であるのかを想像《そうぞう》しましょう。山椒《さんしょう》には、「山椒《さんしょう》は小粒《こつぶ》でもぴりりと辛《から》い」という、たとえ小さくとも力強いというような意味の言葉があります。

3 問二 俳句《はいく》には、季節を感じさせる言葉である「季語」が基本的《きほんてき》に入ります。「しだれざくら」は、春を表す季語です。

問三 作者はふつうに生活していれば見過《す》ごしてしまうような、「蟻《あり》」という「小さな存在《そんざい》」が「露《つゆ》の玉《たま》」という「小さな存在《そんざい》」に道をはばまれて「たぢ《じ》たぢ《じ》」になるという様子を見つめて俳句《はいく》にしています。

ハイレベル＋＋ 76・77ページ

1 問一 エ 問二 着古した 問三 きがえる

2 問一 例小さな子どものいるお父さん。

問二 白菜 問三 (1)い (2)あ

3 問一 案山子 問二 芋嵐 問三 ウ

考え方

1 問一 ——線①の直後の詩のまとまり（連《れん》）に着目しましょう。「（風がふく）すると」、「着古した／空気が」「ぬげる」わけです。「ぬげる」という「変化」が生じているわけですから、——線①はその「きっかけ」を表しているといえます。

問二 「あたらしい」の反対の意味は「古い」なので「着古した」がふさわしいといえます。

問三 三つ目の詩のまとまり（連《れん》）に着目しましょう。その一・二行目に「あたらしい　空気に／きがえる」とあり、これは、「着古した／空気」をぬいで、新しい空気に「チェンジ」したことを表しているといえます。

2 問一 顔を「ただに大きく四角く」かくのは、その子どもがまだ幼《おさな》く、「小さな子ども」だからです。

「小さな」という語句《ごく》が必要です。「お父さん」は「父」などでも正解《せいかい》です。

問二 「白菜」は、冬によく見かける野菜です。

問三 あの短歌は、「父の顔とはわたしの顔か」とおどけたような表現《ひょうげん》が使われています。いの短歌は、「白菜」を人間のように表現《ひょうげん》しています。

3 問一 「案山子《かかし》」は、秋に実った農作物を守るための人形です。

問二 空欄《くうらん》の直後に「……にふきつけられて」とあることから、強い風の意味を表す「芋嵐《いもあらし》」が入ることが分かります。

問三 「浮輪《うきわ》」は、海やプールで泳ぐときに必要なものなので、そこで「胴体《どうたい》にはめ」ればいいわけです。しかし、その子は泳ぎに行くのが待ちきれずに、それを買うときから「はめ」ているのだと想像《そうぞう》できます。

チャレンジテスト　＋＋＋　78・79ページ

❶ 問一　イ
問二　すりへって
問三　ア・エ（順不同可）

❷ 問一　例船
問二　ア
問三　ⓘ

❸ 問一　プール
問二　硬き面
問三　ウ

考え方

❶ 問一　「どんどん　けして」いくことで、「けしごむ」は「すりへって」しまい、最終的に「使いきって」しまえば、その「ふるい　ちいさなけしごむ」は、「きえて」なくなってしまうわけですから、もういっしょにいることはできません。つまり、そのときが「わかれのとき」となるわけです。

問二　②の直後の行に「ずいぶん　まちがい　けした」とあることに着目しましょう。一つ目の詩のまとまり（連《れん》）に、まちがいをけすことで「自分のほうが　すりへって」しまうとあるので、②にも「すりへって」が入ることが分かります。

問三　この詩では、けしごむを人間のようにあつかって表現《ひょうげん》しています。このような表現《ひょうげん》の工夫《くふう》は「擬人法《ぎじんほう》」と呼《よ》ばれます。また、二つ目の詩のまとまり（連《れん》）に「あのやわらかい　肌《はだ》ざわり」とあることに着目しましょう。「肌《はだ》ざわり」と、行の終わりを体言（名詞《めいし》）で止めることで余韻《よいん》を残しています。このような表現《ひょうげん》の工夫《くふう》は「体言止め」と呼《よ》ばれます。どちらも詩の中ではよく出てくる表現《ひょうげん》の工夫《くふう》なので、詩を読むときには意識《いしき》しておくとよいでしょう。

❷ 問一　「海賊《かいぞく》（のうた）」という言葉や、「両腕《りょううで》に白い帆《ほ》を張《は》」るという表《ひょう》現《げん》があることに着目しましょう。「帆《ほ》」を張《は》って風を受けて進む物、海《かい》賊《ぞく》が乗っている物としては帆船《はんせん》が想像《そうぞう》できます。ただし、「漢字一字で書きなさい」という指定があるので、「船」が正解《せいかい》となります。また、「舟《ふね》」でも正解《せいかい》です。

問二　山にいる作者の鼻には「若葉《わかば》の香《か》」が伝わっているわけですから、山は青々とした若葉《わかば》でおおいつくされていることが想像《そうぞう》できます。若葉《わかば》がおいしげるのは春ですが、本格的《ほんかくてき》においしげるようになるのは、桜《さくら》などの花が散った後になりますから、より正確《せいかく》にいえば、春から初夏にかけてということになり、ア「春〜初夏」の季節を表していると考えるのが最も適当《てきとう》だと分かります。また、「行々子《よしきり》」は、俳句《はいく》では夏を表す季語です。

問三　ⓘの短歌は、おいしげる「若葉《わかば》」を「香《か》」、つまり「におい」で感じ取り、同時に「行々子《よしきり》」が「対岸に啼《な》く」声（音）を聞いています。このことからⓘの短歌が、山の「豊《ゆた》かな自然やその自然の生命力を、においや音など体全体で感じ取っている」ことが分かります。

❸ 問一　「プール」は、基本的《きほんてき》に「夏」に最も利用されます。俳句《はいく》の季語は「歳時記《さいじき》」にまとめられているので、機会があれば確認《かくにん》してみましょう。

問二　「（プールの）水面」に当たる言葉を、ⓐの俳句《はいく》の中から探《さが》しましょう。「面《も》」とは、表面という意味であり、水の表面、すなわち水面を表していることが分かります。競泳が始まろうという瞬間《しゅんかん》、周りが緊張感《きんちょうかん》に包まれ、プールの水面までもが硬《かた》くなっているように感じていることを「硬《かた》き面《も》」と表現《ひょうげん》しているわけです。

問三　「鮟鱇《あんこう》」は、冬の季語ですが、どのような冬であるのかは、俳句《はいく》全体から想像《そうぞう》しましょう。「骨《ほね》まで凍《い》てて」とは、骨《ほね》まで凍《い》てついて（凍《こお》りついて）というような意味であり、寒さが体の内部まで凍《こお》りつかせるような「厳冬《げんとう》」であることが想像《そうぞう》できます。

15 醒睡笑《せいすいしょう》・伊曾保物語《いそほものがたり》

標準レベル＋ 80ページ

1
問一　いう
問二　生まれつき
問三　客
問四　ウ

考え方

1 問一　古文特有の仮名《かな》づかいである「歴史的仮名《れきしてきかな》づかい」を、現在私《げんざいわたし》たちが使っている「現代仮名《げんだいかな》づかい」に直す場合には、いくつかの決まりがあります。

語頭にない「はひふへほ」は、「わいうえお」に直す決まりがあるので、「いふ」の現代仮名《げんだいかな》づかいは「いう」です。

問二　古文と現代語訳《げんだいごやく》を対応《たいおう》させながら読み進めましょう。「生得《しょうとく》」は、「客」の発言の一部なので、「客」が「亭主《ていしゅ》」に何を言っているのかに着目するとよいでしょう。

問三　現代語訳《げんだいごやく》から「そち」とは、「あなた」であることが分かります。――線③を含《ふく》む「　」の中の発言は、「亭主《ていしゅ》」のものであり、亭主《ていしゅ》は、やって来た「件《くだん》の人(例の人)」に対して「そち(あなた)」と言っているわけですから、「件《くだん》の人(例の人)」がだれなのかを考えましょう。「件《くだん》(例)の」は、以前「麦飯《むぎいい》」を食べていった「客」を指し示《しめ》す言葉として用いられています。

問四　「客」は、一度目は「三里《さんり》も行きてくはふ《(おう)》」と主張《しゅちょう》して「麦飯《むぎいい》」にありつき、二度目は「五里《ごり》行かふ《(こう)》」と主張《しゅちょう》することで「米の飯」にありついています。食事にありつくために「亭主《ていしゅ》」をたくみに言いくるめる「客」のずるさや言葉のたくみさを、笑い話として紹介《しょうかい》しているのです。

ハイレベル＋＋ 81ページ

1
問一　親切の度が過ぎて
問二　とえば
問三　おそるる
問四　ア

考え方

1 問一　古文と現代語訳《げんだいごやく》を対応《たいおう》させながら読み進めましょう。――線①の直前に「獅子王《ししおう》」とあるので、現代語訳《げんだいごやく》の「獅子王《ししおう》」の直後にある言葉に着目するとよいでしょう。「懇《ねんご》ろ」には、この他に「正直だ」のような意味もあります。

問二　語頭にない「はひふへほ」は、「わいうえお」に直す決まりがあるので、「問へば」の現代仮名《げんだいかな》づかいは「問えば」になります。「全て平仮名《ひらがな》で書きなさい」という指定があるので、「問えば」としていると不正解《ふせいかい》になるので注意しましょう。

問三　現代語訳《げんだいごやく》との対応《たいおう》から、――線③の意味は「震《ふる》えながら申し上げた」であることが分かります。震《ふる》えている驢馬《ろば》の心情《しんじょう》を読み取りましょう。現代語訳《げんだいごやく》の二文目には、「驢馬《ろば》は、これをかぎりなくおそれる」とあります。「これ」とは一文目から「獅子王《ししおう》」のことだと分かりますから、驢馬《ろば》は獅子王《ししおう》のことを「おそれる」ために震《ふる》えていたのだと分かります。「おそれる」に当たる言葉を対応《たいおう》する古文から探《さが》しましょう。

問四　この古文は二つの段落《だんらく》に分かれており、一つ目の段落《だんらく》では、「驢馬《ろば》」と「獅子王《ししおう》」という動物が登場する話が語られ、二つ目の段落《だんらく》では、その話を通して伝えたい教訓のようなものが語られています。二つ目の段落《だんらく》には、「人の思はく《(わ)》をも知らず、懇《ねんご》ろだてこそうたてけれ(人の思うことを知らないで、親愛を示《しめ》すのは感心しない)」、「知らぬ人にあまり礼をするも、かへつ《(つ)》て狼藉《ろうぜき》(知らない人にあまりに丁重《ていちょう》にふるまうのは、むしろ無礼)」とあり、アのようなことを伝えたいのだと分かります。

チャレンジテスト

82・83ページ

1
問一　もうで
問二　例神が自分の命と引きかえに挙周の命をたすけてくれたということ。(30字)
問三　ひどく
問四　イ
問五　エ

考え方

1 問一　歴史的仮名《れきしてきかな》づかいを現代仮名《げんだいかな》づかいに直す場合には、いくつかの決まりがあります。それらの決まりに当てはめて考えるのが基本《きほん》ですが、その言葉自体に着目し、知っている言葉であればふだんどのように書かれているのかを考えてみるとよいでしょう。

「あ段《だん》(あ・か・さ・た・な・は・ま・や・ら)」＋「う(ふ)」は、「お段《だん》(お・こ・そ・と・の・ほ・も・よ・ろ)」＋「う」に直す決まりがあるので、「まうで」の現代仮名《げんだいかな》づかいは「もうで」です。

問二　現代語訳《げんだいごやく》で対応《たいおう》するのは「このことを語る」なので、現代語訳《げんだいごやく》の「このこと」が指す内容《ないよう》をまとめればよいと分かります。「母」は、「挙《たか》周《ちか》」が「重病にかかって、長く生きられそうもないように見えた」ため、「(挙周《たかちか》の命が)たすかりがたいのであるなら、すぐに私《わたし》の命と引きかえてください」と、神にいのり、その結果、「挙周《たかちか》の病気はよくなった」ことを挙周《たかちか》に語っているわけです。

「神」「命」という語句《ごく》が必要です。また、「引きかえ」「たすけてくれた」という内容《ないよう》は、それぞれ「取りかえ」「すくってくれた」のように同じような内容《ないよう》であれば正解《せいかい》です。「自分」「挙周《たかちか》」は、それぞれ「母」「息子《むすこ》」などでも正解《せいかい》です。「どのようなこと」という問い方をしているので、「……(という)こと」としていれば正解《せいかい》です。文末に「。」のないものは、不正解《ふせいかい》や減点《げんてん》の対象《たいしょう》になる場合もあるので注意しましょう。

問三　古文と現代語訳《げんだいごやく》を対応《たいおう》させながら読み進めましょう。母が、神が自分の命と引きかえに挙周《たかちか》の命をたすけてくれたということを語ったのを聞いて、挙周《たかちか》は、自分のせいで母の命が失われてしまうことを「ひどく嘆《なげ》」いているのです。

問四　現代語訳《げんだいごやく》との対応《たいおう》から、――線④の「あはれみて」の意味は「感心して」であることが分かります。神が何に「感心し」たのかを、現代語訳《げんだいごやく》から読み取り、その内容《ないよう》と合うものをア～エの中から選びましょう。

直前の内容《ないよう》から、神は挙周《たかちか》が「『母が私《わたし》にかわって命が終わらねばならないならば、すぐにもとのように私《わたし》の命をお取りになって、母(の命)をおたすけください』と泣く泣くいのった」ときに「感心して」いることが分かります。母は息子《むすこ》のために自らの命を引きかえてほしいといのり、息子《むすこ》は母のためにその命をもどしてほしいといのっており、母も息子《むすこ》も、自分の命を惜《お》しむことなく、相手をたすけようとしています。神はそのような母と息子《むすこ》の間にある「思いやりの気持ち」に感心したわけです。

問五　この作品の大まかな流れは、「挙周《たかちか》、治りそうもない重病にかかる」→「母、挙周《たかちか》をたすけるために自分の命と息子《むすこ》の命を引きかえてほしいと神にいのる」→「神、息子《むすこ》を思う母の愛情《あいじょう》に感動して、挙周《たかちか》をたすける」→「挙周《たかちか》、事情《じじょう》を知り、母をたすけるために自分の命をもとにもどしてほしいといのる」→「神、母と子の間の愛情《あいじょう》に感動して、母子共にたすける」となっています。

本来であれば、挙周《たかちか》が亡《な》くなっていたか、あるいは挙周《たかちか》がたすかり母が亡《な》くなっていたはずなのに、そうならずに二人ともたすかったのは、二人がともに自身の命を差し出すという、同等の深い愛情《あいじょう》を神に示《しめ》したからです。つまり、たがいを思いやる気持ちがこのような奇跡《きせき》を起こしたわけで、親も子ども同じくらいに深い愛情《あいじょう》をもっていなければならないことが、この話からは読み取れます。

! 注意する言葉　あはれむ

16 物語文

標準レベル＋

84～87ページ

1 問一 例申しわけなさ

問二 イ

問三 ウ

問四 エ

問五 もったいない

問六 例サッシーを追いかけさせようという思い。

問七 案内

問八 ア

問九 (1)ウ (2)例ちぢまっている(7字)

考え方

1 問一 ――線①の発言の後の内容《ないよう》に着目しましょう。もとヤンは、――線①のようなことを言った理由を「申しわけなかったからだ」と説明しています。「申しわけなかった」という内容《ないよう》を、空欄《くうらん》の前後と自然につながる表現《ひょうげん》に直しましょう。

問二 [②]の後に「足をふみ出そうとした」とあることに着目しましょう。その前の内容《ないよう》から、二人は「信号は赤だった」ため、その場で待っていたことが読み取れるので、「信号が青に変わる」のに合わせて「足をふみ出そうとした」ということが分かります。

問三 「声をはずませる」とは、興奮《こうふん》してあらい息づかいで話す様子を表します。サッシーは直後の発言で「タケちゃんの好きなタイガース戦だぜ」と言っていますから、タケちゃんがこの野球観戦のさそいを、きっと「喜《よろこ》ぶだろう」と思って「わくわくしている」わけです。

問四 「ギューっと」や「固く」という表現《ひょうげん》から、目をとじるタケちゃんには、かなり力が入っていることが分かります。タケちゃんは、その直後にサッシーからのさそいを断《ことわ》りますが、――線④の二つ前の段落《だんらく》には、「……ほっぺたが、……ピクッと動いた。ゴクッとツバを飲みこんでいる」とあり、さそいを聞いて明らかに心がゆれていることが読み取れます。その「欲望《よくぼう》(野球観戦に行きたい)」をおさえるため、タケちゃんは体に力を入れ、「ギューっと目を固くとじている」わけです。

問五 サッシーのさそいを断《ことわ》るタケちゃんにもとヤンは、――線⑤の直前の文で「……ぼくとの約束なんて、他の日に変更《へんこう》したってかまわない」と思っています。また、後のタケちゃんとの会話では、「でもさ、ぜったい、もったいないって」とも言っており、そうした思いから、――線⑤のような行動をとったことが分かります。

問六 ――線⑥の直前で、もとヤンは「いまからでも追いかけなよ」と言っており、その行動をさせるために「背中《せなか》をおして」いるのです。「サッシー」という語句《ごく》が必要です。また、「どのような思い」という問い方をしているので、「……(という)思い」や「……(という)思いを表している」としていれば正解《せいかい》です。文末に「。」のないものは、不正《ふせい》解《かい》や減点《げんてん》の対象《たいしょう》になる場合もあるので注意しましょう。

問七 タケちゃんがもとヤンと約束していたのは、「次の日曜日、商店街(この町)を案内する」というものです。

問八 タケちゃんは、野球観戦に心を引かれながらも、もとヤンとの「約束」を優先《ゆうせん》し、当のもとヤンが「いいから、いいから。ね、行きなよ。」と言っても「がんこ」なまでに「約束」を守ろうとする人物なのです。

問九 最後の一文に「ぼくとタケちゃんのきょりが、ほんの少しちぢまった気がした」とあり、これがもとヤンの移《うつ》り変わった心情《しんじょう》だと分かります。この心情《しんじょう》になる前のもとヤンは、自分を家まで送ろうとするタケちゃんに「いいよ。ひとりで帰れるから」と言ったり、自分のために野球観戦を断《ことわ》ろうとするのを止めようとしたりと、タケちゃんに対してえんりょのある「よそよそしい」心情《しんじょう》であることが分かります。

(2)は指定の字数に注意し、「ちぢまった」を適切《てきせつ》な表現《ひょうげん》に直しましょう。

ハイレベル ＋＋

88～91ページ

❶
問一 例ブラウスのデザインが描かれた
問二 恐い
問三 ウ
問四 イ
問五 例則子の、嬉し泣きしている様子。
問六 幸せ
問七 例手足が長く、美しい少年を彷彿とさせるところ。（22字）
問八 ア
問九 目
問十 エ

考え方

❶ 問一 文章の内容《ないよう》からは、ノートには「則子《のりこ》」と「詠子《えいこ》」の「ブラウス」の「デザイン」が描《えが》かれていることが読み取れます。また、本文の前の説明や、「ノートを差し出す。三つの顔が同時に、覗《のぞ》き込《こ》んできた」などの表現《ひょうげん》から、四人全員のデザインが描《えが》かれていることが想像《そうぞう》できます。

「ブラウス」という語句《ごく》が必要です。空欄《くうらん》の前後と自然につながっていないものは不正解《ふせいかい》です。

問二 ――線②の三つ後の文に「あまりにも幸せなので、恐《こわ》い」とあります。

問三 ――線③の直前の詠子《えいこ》の発言に着目しましょう。詠子《えいこ》はノートを見て「きれいなノートやね」と言って、「目を細め」ています。「目を細める」とは、ほほえみを浮《う》かべるという意味で、「きれいなノート」に「見とれ」た詠子《えいこ》が、思わずほほえんだことが読み取れます。

問四 則子《のりこ》は、ノートに描《えが》かれた自分のブラウスのデザインを見て、「返事を」せず、「わたし（三芙美《みふみ》）の方を見ようともしなかった」ので、三芙美《みふみ》は、デザインが気に入らなかったのかと「少し慌《あわ》て」ますが、則子《のりこ》の態度《たいど》が「感動」によるものであると分かり、「安心して」、「小さく息を吐《は》き出」しています。

問五 ――線⑤の直後に「則子《のりこ》、あんた、泣いとるの？」とあります。また、則子《のりこ》は「感動して」、「泣けてき」たと言っており、「つまり、嬉《うれ》し泣き」していることが分かります。

「だれの、どのような様子」かを問う問題なので、「則子《のりこ》」という語句《ごく》と、「嬉《うれ》し泣きしている」という内容《ないよう》が必要です。「泣いている」という内容《ないよう》でも正解《せいかい》です。語尾《ごび》は「……様子」「……様子を表している」のどちらも正解《せいかい》ですが、文末に「。」のないものは、不正解《ふせいかい》や減点《げんてん》の対象《たいしょう》になる場合もあるので注意しましょう。

問六 「こんなブラウス着られる」と思った則子《のりこ》は、「嬉《うれ》し泣き」するほどそのことが「幸せ」なのです。

問七 ――線⑦の直前の文に「手足の長い、美しい少年を彷彿《ほうふつ》とさせる詠子《えいこ》」とあることに着目しましょう。「潔《いさぎよ》い」とは、思い切りがよい、さっぱりしているという意味で、三芙美《みふみ》は「手足の長い、美しい少年を彷彿《ほうふつ》とさせる詠子《えいこ》」の身体の線を「潔《いさぎよ》い」と表現《ひょうげん》しているわけです。

問八 ――線⑧の直前にある三芙美《みふみ》の発言に着目しましょう。「ほんとはワンピースにしたかったけど、……。残念」と言う三芙美《みふみ》に対して、詠《えい》子《こ》はその「残念」だという考えを否定《ひてい》し、このデザインに「満足だということ」を伝えたかったのだと思われます。

問九 「目をつける」とは、特別な注意を向けるという意味です。詠子《えいこ》は、「癖毛《くせげ》」を「電髪《てんぱつ》」と誤解《ごかい》されて注意を向けられることが多いということを表しています。

問十 「嬉《うれ》し泣き」する則子《のりこ》に対して詠子《えいこ》は、「姫《ひめ》ぎみは嬉《うれ》しさのあまり、涙《なみだ》にくれておられますぞ」とおどけた言い方で、事態《じたい》が深刻《しんこく》にならないよう、思いやりから場をなごまそうとしているのが分かります。また、「ワンピースにしたかった」と残念がる三芙美《みふみ》に対しては、自分が満足していることをはっきり告《つ》げるという思いやりを見せています。

17 説明文

標準レベル＋

92〜95ページ

1
問一 ウ
問二 貿易
問三 エ
問四 例たくさんのお金が必要になったから
問五 専門的な経営知識
問六 イ
問七 株式会社を
問八 ア
問九 例事業や利益は大きくなる
問十 エ

考え方

1 問一 [①]の直後の「海外貿易《ぼうえき》のような大きな事業」とは、直前の文にある「経済《けいざい》が発展《はってん》する」ことによってできた「いろいろな事業をする企業《きぎょう》」の具体的な例です。「たとえば」は、後の内容《ないよう》が前の内容《ないよう》の例であることを示《しめ》す例示《れいじ》の接続詞《せつぞくし》と呼《よ》ばれるものです。

問二 [②]の直後の[4]の段落《だんらく》に、「その後、株式《かぶしき》会社は貿易《ぼうえき》の分野だけでなく、経済《けいざい》全体へと広がっていきました」とあるので、株式《かぶしき》会社の元々の「分野」は「貿易《ぼうえき》」だったと分かります。ですから、「世界ではじめての株式《かぶしき》会社」は、「貿易《ぼうえき》」をするための「会社」であったと分かります。

問三 [4]の段落《だんらく》の最初の一文には、「その後、株式《かぶしき》会社は世界各国に広がっていきました」、最後の一文には、「その後、株式《かぶしき》会社は貿易《ぼうえき》の分野だけでなく、経済《けいざい》全体へと広がっていきました」とあり、株式《かぶしき》会社が「歴史《れきし》の中でどのように変化していったのか」が読み取れます。

問四 ――線③の直前に「経済《けいざい》が発展《はってん》し事業の規模《きぼ》が大きくなった現代《げんだい》では」とあることに着目しましょう。「海外貿易《ぼうえき》のような大きな事業」には「たくさんのお金（資本金《しほんきん》）が必要」で、それを集めるために生まれたのが株式《かぶしき》会社であることが、[2]と[3]の段落《だんらく》から分かります。
「お金」は「資本金《しほんきん》」でも「お金（資本金《しほんきん》）」でも正解《せいかい》です。空欄《くうらん》の後には「。」があるので、「。」を書きこんでいるものは、不正解《ふせいかい》や減点《げんてん》の対象《たいしょう》になる場合もあるので注意しましょう。

問五 ――線④の直前に「このように」とあることに着目しましょう。これは、――線④の直前の二文にある「株主《かぶぬし》は……会社を経営《けいえい》する能力《のうりょく》のある人とは限《かぎ》」らないので、「会社の事業は、専門的《せんもんてき》な経営知識《けいえいちしき》をもつ経営者《けいえいしゃ》が担当《たんとう》」するという内容《ないよう》を、――線④で言いかえて説明していることを表しています。

問六 ――線⑤の直前の文に決められることが述《の》べられています。「方針《ほうしん》」は、目指す方向やあり方を、「人選」は、人を選ぶことを表します。

問七 ――線⑥と同じ言葉が[8]の段落《だんらく》の二文目にあることに着目しましょう。その直前には「そのため……」とありますから、その直前の文に「会社は株主《かぶぬし》のもの」と定められた理由が述《の》べられているはずです。

問八 ――線⑦の直後の文に「一部上場《じょうじょう》会社とは、……わずか二一五一社です」とあることに着目しましょう。日本の株式《かぶしき》会社の全体数を示《しめ》すことで、一部上場《じょうじょう》会社の数と比《くら》べることができ、読者に一部上場《じょうじょう》会社がいかに少ないかをイメージしやすくしています。

問九 要点を問う問題なので、特に後半部分に着目するとよいでしょう。空欄《くうらん》の前後と自然につながっていないものは不正解《ふせいかい》です。特に文末の書きかえに注意しましょう。

問十 [10]の段落《だんらく》の最後の一文に「株主《かぶぬし》や経営者《けいえいしゃ》が自分のもうけだけを大切にする会社は、……やがて姿《すがた》を消していくことになるでしょう」とあります。「考察」であるため、「〜でしょう」という推量《すいりょう》を表す文末になっています。

ハイレベル ✦✦

96〜99ページ

❶

問一　『キングコング』

問二　(1)[例]ゴジラをコマ撮りで撮ること。　(2)イ

問三　ア

問四　破壊シーンに迫力が出ない

問五　エ

問六　[例]柔らかく、軽くなるように改良されていた。

問七　[例]ゴジラの着ぐるみの中に人間が入って、本当に動かせるんだろうかということ。

問八　(1)[11]　(2)ウ

考え方

❶

問一　[①]の直後に「と同じように、コマ撮《ど》りでいきたい」とあることに着目しましょう。直前の[2]の段落《だんらく》に「コマ撮《ど》りで撮影《さつえい》された『キングコング』」とあります。『　』まで書きぬきましょう。

問二　(1)——線②の二つ前の[2]の段落《だんらく》に、「円谷《つぶらや》は、『ゴジラ』も人形によるコマ撮《ど》りにこだわっていた」とあることに着目しましょう。

「ゴジラ(『ゴジラ』)」という語句《ごく》が必要です。「コマ撮《ど》り」「撮《と》る」は、それぞれ「ストップモーションアニメ」「撮影《さつえい》(する)」でも正解《せいかい》です。「何をすること」という問い方をしているので、「……(という)こと」としていれば正解《せいかい》です。文末に「。」のないものは、不正解《ふせいかい》や減点《げんてん》の対象《たいしょう》になる場合もあるので注意しましょう。

(2)——線②の直前に「時間的に制約《せいやく》のある現状《げんじょう》」とあり、直後の[5]の段落《だんらく》に「……技術的《ぎじゅつてき》にもまだ……」とあるのでイが適当《てきとう》です。

問三　[③]の直前の[7]の段落《だんらく》は、しかたなく「ゴジラは着ぐるみ……でいく(撮影《さつえい》する)」ことになったという内容《ないよう》ですが、直後の内容《ないよう》は、「この着ぐるみ……独創的《どくそうてき》な手法となった」と相反するものになっているので、逆接《ぎゃくせつ》の接続詞《せつぞくし》である「しかし」が当てはまります。

問四　筆者は、[9]の段落《だんらく》の最後の二文で「ストップモーションアニメ(コマ撮《ど》り)」の特徴《とくちょう》を説明しており、これがこの段落《だんらく》の要点といえます。一文目は「……よく表現《ひょうげん》できる」という「長所」を、二文目は「……出ない」という「短所」を説明しています。空欄《くうらん》の前後の内容《ないよう》にも着目するとよいでしょう。

問五　[12]の段落《だんらく》では、[11]の段落《だんらく》の「利光《としみつ》をはじめ、……アルバイトの鈴木《すずき》儀雄《よしお》が試行錯誤《しこうさくご》をくり返して、制作《せいさく》に当たった」という内容《ないよう》を引きついで、「ゴジラの表皮は、……。一方、……。内側には……」と、ゴジラが具体的にどのように「制作《せいさく》」されていったのかが説明されています。

問六　「改良したゴジラの着ぐるみ(第2号)」は、[19]の段落《だんらく》から「まだ柔《やわ》らかさが足りず」、「重さもまだ100キロ近くはある」と分かります。一方、第1号は、[15]と[16]の段落《だんらく》から「かたすぎて、とても動けたものじゃない」、「150キロをゆうに超《こ》える重さ」であると分かるので、第2号は、第1号に比《くら》べれば「柔《やわ》らかく、軽くなっていた」ことが分かります。

「柔《やわ》らかい」「軽い」という内容《ないよう》が必要です。文末は「なった」などでも正解《せいかい》です。「。」のないものは、不正解《ふせいかい》や減点《げんてん》の対象《たいしょう》になる場合もあるので注意しましょう。

問七　——線⑤の直前の[20]の段落《だんらく》は、「開米《かいまい》や利光《としみつ》たち」の心の声で、「不安」の内容《ないよう》です。「この中」とは、そこまでの内容《ないよう》から「ゴジラの着ぐるみ」の中であることが分かります。

「ゴジラ」という語句《ごく》が必要です。「どのようなこと」という問い方をしているので、「……(という)こと」としていれば正解《せいかい》です。文末に「。」のないものは、不正解《ふせいかい》や減点《げんてん》の対象《たいしょう》になる場合もあるので注意しましょう。

問八　この文章は、[1]〜[10]の段落《だんらく》に『ゴジラ』が着ぐるみで撮影《さつえい》されることになった事情《じじょう》とその効果《こうか》が語られ、[11]の段落以降《だんらくいこう》にゴジラの着ぐるみが制作《せいさく》されていく過程《かてい》とそこで生じた問題が語られています。前半の最後の[10]の段落《だんらく》に、筆者が言いたかったことが述《の》べられています。

チャレンジテスト +++ 100〜103ページ

1
問一 イ
問二 例倒立のこつがだんだんつかめてきた様子。
問三 例結衣ちゃんがきれいな側転を連続で四回したから。
問四 ア
問五 (初め)手をつ (終わり)下りる
問六 エ
問七 ウ
問八 ウ
問九 いやいや・がんばればできる

考え方

1 問一 七海《ななみ》はまず「倒立《とうりつ》」の練習から始めて、それが「ほぼ完璧《かんぺき》」になって「側転」の練習に移《うつ》っていますから、「今日」の最初の段階《だんかい》では、まだ「倒立《とうりつ》」ができるようになっていないことが分かります。ただ、すぐに「倒立《とうりつ》」が「ほぼ完璧《かんぺき》」になっていること、一文目に「体が覚えているうちに(特訓を)やりたい」とあることなどから、昨日の段階《だんかい》で、すでに「倒立《とうりつ》はできるようになりつつある」ことが分かります。

問二 ――線①の後の七海《ななみ》が、どのようになっているのかを読み取りましょう。後の文に「そのあとも何回か倒立《とうりつ》をくり返し、だんだんにこつがつかめてきた」とあります。
「こつ」「倒立《とうりつ》」という語句《ごく》が必要です。「どのような様子」かを問われているので、「……様子」としていれば正解《せいかい》ですが、「……様子を表している」としていても正解《せいかい》です。文末に「。」のないものは、不正解《ふせいかい》や減点《げんてん》の対象《たいしょう》になる場合もあるので注意しましょう。

問三 「拍手《はくしゅ》と歓声《かんせい》」は、「公園で遊んでいた二年生くらいの男の子たち」から起こっており、この男の子たちがそうしたのは、「結衣《ゆい》ちゃんが連続で側転を四回した」のを見て「おどろき」、感動したからです。また、七海《ななみ》はそれを見て「きれいだ」と思っており、そのような側転だったからこそ、「拍手《はくしゅ》と歓声《かんせい》がわいた」のだということが分かります。
「きれい」という語句《ごく》が必要ですが、「きれいな側転」でなく「側転がきれい」のような形も正解《せいかい》です。理由を問う問題なので、「……から」のように理由を表す文末になっていないと不正解《ふせいかい》です。文末に「。」のないものは、不正解《ふせいかい》や減点《げんてん》の対象《たいしょう》になる場合もあるので注意しましょう。

問四 ③の直後に「……勢《いきお》いをつけて」とあるので、そうしたときに発するかけ声としてふさわしいものを選びましょう。「えい(っ)」とは、力をこめるときに発するかけ声です。

問五 ――線④の二つ前の段落《だんらく》に「目を閉《と》じて、『手をついて、ふわっと体を上げて、ゆっくり下りる。』というイメージトレーニングをする」とあることから、ここでいう「イメージ」が、「手をついて、ふわっと体を上げて、ゆっくり下りる」というものであることが分かります。

問六 「手の平に……小石が一つうまっていた」とは、手の平に小石が食いこんでいたということです。手の平に小石が食いこむということは、それだけ小石が強く手の平に当たっていたはずで、本来なら当たった瞬《しゅん》間《かん》に痛《いた》みを感じるはずです。ですから、七海《ななみ》はそれにすぐ気づけないほど「集中して」側転の練習をしていたのだということが想像《そうぞう》できます。

問七 ――線⑥の二つ前の文に「もうできてるね」とあることに着目しましょう。それより前の部分から「できてる」のは、「側転」だと分かりますから、これが「回数を重ね」ることで、「完璧《かんぺき》にできるようになる」というのを結衣《ゆい》ちゃんが七海《ななみ》に伝えようとしていることが分かります。

問八 七海《ななみ》の「側転」の「特訓」に付き合い、いろいろなことを教えてくれる結衣《ゆい》ちゃんは、「面倒見《めんどうみ》が良い」人物であることが分かります。

問九 「側転」の「特訓」に対して「いやいや」だった心情《しんじょう》が、練習を続けるうちに「がんばればできるような気が」してやる気になり、最終的に側転ができるようになると、「その(結衣《ゆい》ちゃんの)手の平を、思い切り強くタッチ」するというように、喜《よろこ》びに移《うつ》り変わっています。

チャレンジテスト

104～107ページ

1

問一 自分
問二 ア
問三 ぼんやりしている
問四 イ
問五 料理の先生
問六 ⑤誤字、脱字、当て字　⑦名文
問七 ウ
問八 エ
問九 例おいしさであるように、文章もおもしろさがいちばん大切である(29字)

考え方

1

問一　「日記」を「読む人間」とは、だれなのかを読み取りましょう。[2]の段落《だんらく》の一文目に「日記はその〝自分と自分の文通〟の代表」とあることから、「日記」を「読む人間」は「自分」であると分かります。

問二　[4]～[6]の段落《だんらく》のそれぞれの内容《ないよう》を読み取り、その働きとしてふさわしいものを**ア**～**エ**から選びましょう。[4]と[5]の段落《だんらく》では、「手紙やはがきの文章」と「仕事で上役《うわやく》に提出《ていしゅつ》する書類など」が、「はっきりした相手のある」「相手が明確《めいかく》」な文章であると述《の》べられ、[6]の段落《だんらく》では、「新聞や雑誌《ざっし》などの原稿《げんこう》」が、「相手がはっきりしていない」文章であると述《の》べられています。また、その前後、つまり[3]と[7]の段落《だんらく》には、それぞれ「読んでくれる相手のない文章はない」、「他人に読んでもらうのが文章である」とあり、間の[4]～[6]の段落《だんらく》が「他人に読んでもらう文章」についての説明であると分かります。

問三　――線②の三つ前の[3]の段落《だんらく》に「(読む相手が)だれだれと、はっきりしていることもあるし、ぼんやりしていることもある」とあります。「ぼんやり」とは、はっきりしないということです。

問四　[③]の直前の二文の「料理は作った人も食べる」「味見や毒味《どくみ》もする」は、作った人自体が料理を味わうという内容《ないよう》で、[③]の直後の「料理は食べてくれる人がなくては張《は》り合いがない」とは、相反する内《ない》容《よう》といえるので、逆接《ぎゃくせつ》の接続詞《せつぞくし》である「しかし」が入ります。

問五　筆者は、――線④の直後の[10]段落《だんらく》で、「料理の先生が、……という話がある」のを紹介《しょうかい》し、その理由を「自分ひとりだけ食べるのでは、とてもそんな手をかける気がしない」からだとまとめていますから、この話を――線④の考えの「具体例」として示《しめ》していることが分かります。

問六　⑤直接的《ちょくせつてき》には、――線⑤の直前の文の「(ご飯の中に入っている)石」のことを表しています。ただし、この「石」とは、「石が入っているようなもの」とあることからも分かるように、他のもののたとえであることが分かります。字数をヒントに探《さが》してみましょう。

⑦「ご馳走《ちそう》」とは、ぜいたくなおいしい料理のことで、特にここでは、「上手な料理」のことです。これを文章に置きかえると「上手な文章」となりますが、文章中から二字で書きぬく必要がありますから、これと同じ意味になる二字の言葉を探《さが》しましょう。

問七　[⑥]の直前の文に「料理で、いちばん大切なのは、おいしい、ということ」とあることに着目しましょう。「うまくな」い料理というのは、「いちばん大切」なことを満たしていないわけですから、それは料理として不適当《ふてきとう》、つまり「落第」だと筆者は述《の》べているわけです。

問八　――線⑧の後の内容《ないよう》などを含《ふく》めて意味を想像《そうぞう》しましょう。「ごめん」には、それがいやでこばむ気持ちを表す意味があります。

問九　筆者が言いたかったこと(主張《しゅちょう》)を問う問題なので、後半の段落《だんらく》の内容《ないよう》に着目してみましょう。また、空欄《くうらん》の直前に「料理でいちばん大切なのが」とあることにも着目するとよいでしょう。

「おいしさ」「おもしろさ」という内容《ないよう》が必要ですが、「おいしいこと」「おもしろいこと」などでも正解《せいかい》です。空欄《くうらん》の後には「。」があり、「。」を書きこんでいるものは不正解《ふせいかい》になる場合があるので注意しましょう。

思考力育成問題 108～111ページ

1

問一 エ 問二 ウ

問三 ごらん 問四 ウ

問五 例日本に昔からめん文化があっても、めん類が全て和食ということではないと思います（38字）

2

問一 解答→回答（解→回）

問二 ア 問三 イ

問四 例地球環境を守るための具体的な取り組みを、積極的に行っている（29字）

問五 例日本が何か国中の三十位なのかを示す必要があると思います（27字）

考え方

1

問一 司会は「日本で和食ばなれが起きているか」について話し合うための【資料《しりょう》】として「全校児童を対象《たいしょう》に行った『最もよく食べる主食は何ですか』というアンケートの結果」を提示《ていじ》しています（ア）。また、「和食ばなれは起きている」という赤木《あかぎ》さんに対して「なぜそのように思うのですか」と「主張《しゅちょう》の理由を説明するようにうなが」し（イ）、田中《たなか》さんの発言に対しては、「つまり……」と「補足《ほそく》説明」をしています（ウ）。

問二 話し合いの内容《ないよう》からアンケートの結果にふさわしいグラフを選びましょう。「お米」は「四割《よんわり》」なく、「パンもめん類も三割《さんわり》をこえ」ず、「お米とめん類を合計した割合《わりあい》は六十七％」になるものはウです。

問三 資料《しりょう》を「見る」相手に対して敬語《けいご》（尊敬語《そんけいご》）に言い直す必要があります。「見る」の尊敬語《そんけいご》は「ごらん（になる）」です。

問四 ――線②の内容《ないよう》があれば、後に続く情報《じょうほう》（日本には昔からめん文化が存在《そんざい》していた）が本当に存在《そんざい》するのかをだれもが確認《かくにん》でき、それだけ情報《じょうほう》の信用性《しんようせい》が増《ま》します。事実や情報《じょうほう》を述《の》べる場合には、その「根拠《こんきょ》」となる情報源《じょうほうげん》を明らかにして説得力《せっとくりょく》をもたせるようにしましょう。

問五 川原《かわはら》さんは、直前で田中《たなか》さんが「お米とめん類」をまとめて「和食」と考えていることを、「ちがうのではない」かと言っています。また、□の直後の発言は「たとえば、……」なので、この内容《ないよう》が具体例となるような内容《ないよう》を書きましょう。

「めん類が全て和食ということではない」という内容《ないよう》が書かれていれば正解《せいかい》です。空欄《くうらん》の後には「。」があり、「。」を書きこんでいるものは不正解《ふせいかい》になる場合があるので注意しましょう。

2

問一 「解答《かいとう》（問題などに対する答え）」と「回答（質問《しつもん》などに対する返事）」は同音異義語《どうおんいぎご》です。文の内容《ないよう》と漢字の使われ方を意識《いしき》しましょう。

問二 種島《たねしま》さんは最後の文で「私《わたし》たちはもっと『マイバッグ』を活用していくべきだと思います」という「主張《しゅちょう》」を述《の》べていますが、その主張《しゅちょう》の「前提《ぜんてい》」には、【資料《しりょう》②】の「買い物にマイバッグを使用する」人が二十五％しかいないという事実があります。

問三 ――線①とイは「理由」を示《しめ》す助詞《じょし》です。アは「場所」、ウは「時間」、エは「原料」を示《しめ》す助詞《じょし》です。

問四 資料《しりょう》①からは九割《きゅうわり》、つまりほとんどの人が「地球環境《かんきょう》を守るために具体的な取り組みを行っている」と分かります。また、□の直後の文で種島《たねしま》さんは「とてもすばらしい」と言っていますから、□にはこの結果を肯定的《こうていてき》にとらえた内容《ないよう》が書かれているはずです。

「積極的（前向き・ひたむきなども可《か》）」に「地球環境《かんきょう》を守るために具体的な取り組みを行っている」という内容《ないよう》が述《の》べられていれば正解《せいかい》です。

問五 仮《かり》に三十か国中の三十位であれば、事態《じたい》はそれほど深刻《しんこく》ではないともいえます。日本が三十位であることをスピーチに取り上げるなら、その三十位が「何か国中の三十位」なのかを示《しめ》すべきだといえます。

「何か国中の三十位なのか」という内容《ないよう》が必要ですが、「プラスチックごみを海に流出させている国が何か国あるのか」というような内容《ないよう》で書かれていても正解《せいかい》です。空欄《くうらん》の後には「。」があり、「。」を書きこんでいるものは不正解《ふせいかい》になる場合があるので注意しましょう。

しあげのテスト(1)

巻末折《かんまつお》り込《こ》み

1
(1)エ　(2)ウ
(3)美央は体が　(4)せきたてる
(5)例べつになんの変化も感じないので、答えにつまっている様子。
(6)イ　(7)(得意な)バレー(ボール)
(8)首　(9)目を丸くした　(10)ア

2
①ウ　②イ　③ア　④エ　⑤イ

3
(1)(文節)七　(単語)十三　(2)父が働く
(3)ウ　(4)ア

考え方

1
(1) ハルが「身をのりだしてきた」のは、美央《みお》の発言が「ほんとう」か確認《かくにん》するためです。ハルは「(魔法《まほう》の)練習の成果が出てきた」のかという「期待」から、美央《みお》に事実を確認《かくにん》しているのだと想像《そうぞう》できます。

(2) ――線②の直後に「よし。(魔法《まほう》に)かけるのである」とあります。また、その後にハルは鉛筆《えんぴつ》をふって「(魔法《まほう》に)かけた」と言っています。

(3) 美央《みお》が「われにかえ」ったのは、ハルから「(魔法《まほう》を)かけたのである」と言われたときなので、その前の様子とは、ハルが魔法《まほう》をかけているときの様子だと分かります。ハルは、魔法《まほう》をかけるために、美央《みお》を「真剣《しんけん》な顔で見つめ」ており、そのせいで美央《みお》は緊張《きんちょう》でかたくなり、「体が石になったようになってしまった」のです。

(4) ハルは美央《みお》に立て続けに質問《しつもん》をして、答えをせかす様子が読み取れます。「せきたてる」とは、早くするようにせっつく様子を表す言葉です。

(5) ――線⑤の直後の二文から美央《みお》の様子が読み取れます。「変化」「答え」という語句《ごく》が必要です。「どのような様子」かを問われているので、「……様子」としていれば正解《せいかい》ですが、「……様子を表している」としていても正解《せいかい》です。文末に「。」のないものは、不正解《ふせいかい》や減点《げんてん》の対象《たいしょう》になる場合もあるので注意しましょう。

(6) 美央《みお》から「ちょっとかるくなった(かも)」という答えをきいたハルが、喜《よろこ》びを表す「ガッツポーズをつくった」ことから分かります。

(7) 最後から二つ目の段落《だんらく》に「……得意《とくい》なバレーボールまでできなくなったのは、ごちゃごちゃ考えていて……」とあります。

(8) 「首を(横に)ふる」は、否定《ひてい》の意味を表します。

(9) ――線⑨の直後の文に着目しましょう。「目を丸くする」とは、おどろきで目を見開くという意味です。

(10) 美央《みお》は、ハルから「ごちゃごちゃのせいでできることまでできなくなったら、もったいない」と言われ、それが今までの自分だったと知り、「……大損《おおぞん》だ」と思っています。そして、無意識《むいしき》に「びくびくして」いたことを自覚することで、気持ちは「落ち着きつつある」と想像《そうぞう》できます。

2
①望みをもって待つという意味の「期待」がふさわしいといえます。**イ**「気体」は、空気や水蒸気《すいじょうき》のようなガスのことで、「期待」の同音異義語《どうおんいぎご》です。②説明するという意味の「説く」がふさわしいといえます。**ウ**「解《と》く」は、考えて解答《かいとう》を出すという意味で、「説く」の同訓異字《どうくんいじ》です。③人(友人)と離《はな》れるので「別れる」がふさわしいといえます。**ウ**「分かれる」は、主に物事に使われます。送り仮名《がな》にも注意しましょう。④直前に「話を」とあるので、「聞こう」がふさわしいと分かります。**ア**「効《き》こう」は効果《こうか》があるという意味の同訓異字《どうくんいじ》です。⑤形の似《に》ている漢字に注意しましょう。

3
(1) 文節は「私《わたし》は／青い／海に／囲《かこ》まれた／小さな／島で／生まれた。」、単語は「私《わたし》／は／青い／海／に／囲《かこ》ま／れ／た／小さな／島／で／生まれ／た。」です。

(2) 「父が働く」が一まとまりで「魚市場《うおいちば》が」という主語を修飾《しゅうしょく》しています。

(3) ――線③と**ウ**は、「打ち消し(否定《ひてい》)」の意味を表す助動詞《じょどうし》です。**ア**と**エ**は、物事が存在《そんざい》しないという意味を表す形容詞《けいようし》です。**イ**は、わずかしかないという意味を表す形容詞《けいようし》「少ない」の一部です。

(4) ――線④の主語は「私《わたし》は」、述語《じゅつご》は「した」ですから、その関係は「だれが(は)―どうする」であるといえます。

しあげのテスト⑵

巻末《かんまつ》折《お》り込《こ》み

1 (1)当然　(2)[8]　(3)実際のとこ　(4)イ　(5)顔の区別がつかない人　(6)自動的に　(7)顔立ち　(8)ア　(9)エ　(10)ウ

2 ①ウ　②イ　③ア　④エ　⑤ウ

3 (1)①ア　③イ　(2)おります　(3)まいりたい　(4)エ

考え方

1

(1) [①]の直前に「よい人を前提《ぜんてい》として評価《ひょうか》される」とあることに着目しましょう。「よい人」というのが「前提《ぜんてい》」であれば、「よいこと」をするのは「当然」だと考えられることが分かります。

(2) 「メカニズム」は仕組みという意味なので、人がどのような仕組みで顔を覚えているのかが述《の》べられている部分を探《さが》しましょう。[8]の段落《だんらく》の最後の一文に「それぞれの顔の特徴《とくちょう》の違《ちが》いを強調して、……覚えるようにできている」とあります。

(3) [5]の段落《だんらく》は、一文目で「それぞれの顔には大した違《ちが》いはありません」という要点を述《の》べて、直後の文以降《いこう》で「たとえば……」という具体例を挙げつつ、要点の正しさを示《しめ》しています。

(4) 「相手の顔」を確《たし》かに知り合いだと「覚えて」いなければ「(さりげなく)挨拶《あいさつ》」することはできません。「しっかり」とは、確《たし》かであることを表す言葉です。

(5) ——線④と置きかえて、文として成立する言葉を探《さが》しましょう。指示《しじ》表現《ひょうげん》が指す内容《ないよう》は、基本的《きほんてき》にそれより前、特に近くにあることが多いので、まずは直前の内容《ないよう》から探《さが》すとよいでしょう。

(6) ——線⑤の直後に「顔を比較《ひかく》している」とあることに着目しましょう。ここから、——線⑤は、人が顔を比較《ひかく》しているときの様子を表す言葉だと分かりますから、文章中から同じ様子を表す言葉を探《さが》しましょう。

(7) ——線⑥の直前に「顔は」とあるので、ここでいう「土台」とは、「顔」そのもの、つまり「顔立ち」のことだと分かります。

(8) [⑦]をはさんで、前後の内容《ないよう》を選ばせる形になっているので、接続《せつぞく》詞《し》の「あるいは」が入ります。

(9) [4]の段落《だんらく》で「顔を比較《ひかく》したりする」のは、「顔を記憶《きおく》するメカニズムと関係している可能性《かのうせい》があると思」うと「考察」し、[5]~[9]の段落《だんらく》で具体例をふまえてその「根拠《こんきょ》」を示《しめ》し、[10]の段落《だんらく》で「つまり、……と考えられるのです」と[4]の段落《だんらく》の「考察」を言いかえて述《の》べています。

(10) 筆者の主張《しゅちょう》(要旨《ようし》)なので、文章の流れをおさえつつ、筆者が伝えようとしていることをとらえましょう。最後の[15]の段落《だんらく》に「表情《ひょうじょう》は、大切です」とあります。

2

①~③の言葉は、二つ以上の言葉が結びついて、決まった意味を表す慣《かん》用句《ようく》と呼《よ》ばれるものです。①②は体を表す言葉を使った慣用句《かんようく》です。③は「けり」が昔の言葉で、「露《つゆ》の玉蟻《たまあり》たぢ《じ》たぢ《じ》となりにけり(川端茅舎《かわばたぼうしゃ》)」のように文末によく使われていたため、終わりや決着を意味するようになった慣用句《かんようく》です。④⑤は同じ読みでいろいろな意味をもっている言葉です。それぞれ正解《せいかい》でない選択肢《せんたくし》の意味ももっているので、文と対応《たいおう》させて意味を考えましょう。

3

(1) ①「いらっしゃる」は、「いる」の「尊敬語《そんけいご》」です。②「いただく」は、「食べる」の「謙譲語《けんじょうご》」です。

(2) 「変わりなく過《す》ごしている」のは「私《わたし》(自分)」なので、「洋子《ようこ》さん」を敬《うやま》うためには、自分がへりくだる必要があります。「いる」の謙譲語《けんじょうご》は「おる」なので、「おります」となります。

(3) 「うかがう」は、「行く」の謙譲語《けんじょうご》で、「参る」という言い方もあります。

(4) 「お顔」を見るのは「私《わたし》(自分)」ですから、「見る」の謙譲語《けんじょうご》である「拝見《はいけん》する」を使います。「ご覧《らん》になる」は、「見る」の尊敬語《そんけいご》です。

2 1 0 9 8 7 6 5 4
* * D C B A